新税制
対応

税理士のための
中小企業の
M&A
サポートブック

公認会計士・税理士 **中村 大相** ［著］

ぎょうせい

◉ はしがき ◉

　私は2013年からM&A仲介会社で中小企業のM&A仲介業に携わっています。前職の監査法人では上場会社を相手に仕事をしていましたので、入社するまでは中小企業のM&Aといってもあまりピンときていませんでした。実際、M&A仲介会社に入ってみると、中小企業のM&Aのニーズがとても高いことに驚きました。多くの経営者が後継者不在で悩んでいるという現実を目の当たりにして、1社でも多くの中小企業をお救いしようとM&Aのマッチングに懸命に取り組んできました。

　その傍ら、M&Aを検討している顧客を紹介していただこうと、全国の税理士事務所を訪問したり税理士のイベントに参加したりで、多くの税理士、公認会計士の先生とお話をしてきました。しかし、先生方からは「M&Aなんてうちには関係無いよ」と言われることが多く、それは今でもあまり変わっていないように思います。

　2015年頃から税理士会やその他イベントで研修講師を依頼されることが多くなり、自分なりにM&Aの必要性を説明してきました。研修直後に先生方と話をすると「M&Aは必要だよね！」とおっしゃっていただくのですが、しばらく時間が経つとその熱もすっかり冷めてしまっています。

　本書でも触れていますが、中小企業の経営者の多くは後継者不在で悩んでいます。コロナ禍で独力での経営では将来が不安と感じている経営者もいます。私は、中小企業において最も頼れるパートナーは税理士であると思っています。毎月中小企業が税理士に顧問料を支払うのも、税理士事務所や税理士法人を頼っているが故です。

　後継者不在で悩んでいる経営者や、将来に不安を感じている経営者に対し、「M&Aも一つの選択肢だよ」とアドバイスをするのは税理

士の役割です。しかし、「M&Aなんて分からない」と思い、つい敬遠しがちになる事務所が多いのが現実です。その気持ちも分かりますが、顧問先が求めているアドバイスをしていただきたいです。

　本書は税理士、特にM&Aについて知識や経験がない税理士の方に読んでいただきたいです。本書では、中小企業白書や中小企業庁が公表している様々な資料を抜粋し、中小企業にとってM&Aがいかに必要であるかについて解説しています。税理士事務所・法人向けということで、M&Aに関する税務や税制改正の内容についても簡単に解説しています。

　一方、M&Aの手続等の実務的な内容は最低限に留めています。自らM&Aに携わる税理士事務所・法人はごく僅かで、殆どの税理士事務所・法人はM&Aは金融機関やM&A仲介会社といった支援機関に外注するのが現実的だからです。

　多くの税理士の方々にM&Aの必要性を知っていただきたいというのが今回本書を執筆した目的です。そして、M&Aを顧問先にアドバイスする税理士事務所や税理士法人が少しでも増えてくれれば幸いです。

　令和3年10月

公認会計士・税理士　中村　大相

目次

はしがき

第1章
中小企業におけるM&Aのパターンと税理士のサポート

第**2**章
M&Aに関する会計・税務と税理士のサポート

第**3**章
M&Aの実務と税理士のサポート

（編注）　本書のQRコードは最新の情報に更新されていることがあり、本書の図表（令和3年11月末に確認）と異なることがある点にご留意をお願いいたします。

第1章

中小企業における
M&Aのパターンと
税理士のサポート

事業承継の必要性

(1) 事業承継とは

「事業承継」が注目されています。事業承継とは簡単に言えば「会社の将来を誰に委ねるか（後継者を誰にするか）」ということです。残念ながら経営者は永続的に経営者であり続けることはできないので、会社を永続的に存続させるためには、次の経営者をどうするか？を真剣に検討しなければなりません。

上場会社のようにしっかりと組織化している会社であれば、経営者が交代したことで経営が大きく傾くことは少ないでしょう。しかし中小企業の大半は組織化されていません。会社の経営が経営者の能力任せになっている会社では、経営者が交代したことで会社の経営がたちまち傾くことも考えられます。したがって、中小企業にとって次の経営者をどうするか、つまり事業承継というのは非常に重要なのです。しかし最近では中小企業の後継者がいないという問題も生じています（中小企業の後継者不在については廃業の章で触れます）。

(2) 中小企業の経営者の高齢化

最近、事業承継が注目されている理由として、「中小企業の経営者の高齢化」が挙げられます。ここでは、中小企業白書2021の内容を抜粋し、中小企業の状況、そして経営者の高齢化に伴う問題について触れたいと思います。

図表1-1　経営者の平均年齢の推移

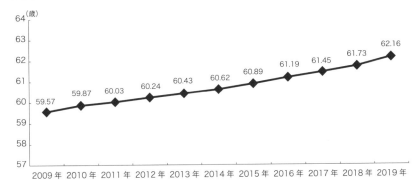

資料：(株) 東京商工リサーチ「全国社長の年齢調査（2019年12月31日時点）」
出典：『2021年版中小企業白書』第2-3-8図

（中小企業白書2021・第2-3-8図）

　図表1-1は経営者の平均年齢のデータです。経営者の平均年齢が一貫して上昇していることが分かります。2019年には過去最高齢を更新し、経営者の平均年齢は62.16歳となっています。60歳という年齢は、そろそろ引退を考える年齢ですので、多くの経営者が引退を考える時期に差し掛かっているということがいえます。

(3)　経営者の高齢化と会社の業績

　経営者の高齢化が会社の業績に与える影響について、中小企業白書にいくつかデータがありますので紹介します。

　図表12のデータは、経営者の年齢別に増収企業の割合を表したものです。経営者年齢が30代以下では増収企業の割合が6割ですが経営者の年齢が上がるにつれ増収割合は徐々に低下し、経営者が80代以上の企業では増収企業の割合は4割程度となっています。経営者年齢が上がるほど会社の成長が止まる（または衰退する）傾向にあるということです。

図表1-2　経営者年齢別、増収企業の割合

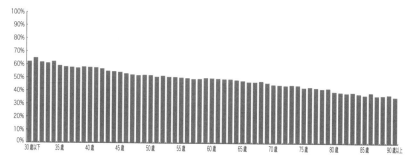

資料：（株）東京商工リサーチ「全国社長の年齢調査（2019年12月31日時点）」再編加工
（注）2019年12月時点で判明している直近2期の売上高を比較して「増収企業」、「売上横ばい
　　　企業」、「減収企業」を分類し、集計している。

（中小企業白書2021・第2-3-10図）

図表1-3　経営者年齢別、新事業分野への進出の状況（2017年～2019年）

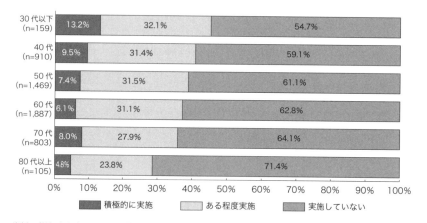

資料：（株）東京商工リサーチ「中小企業の財務・経営及び事業承継に関するアンケート」
（注）新型コロナウイルス感染症流行前（2017年～2019年）の新事業分野への進出の状況に
　　　ついて確認したもの。

（中小企業白書2021・第2-3-12図）

　図表1-3のデータは経営者の年齢別に新事業分野への進出の状況について表したものです。これを見ると、経営者年齢が若い企業ほど、新事業分野進出に取り組んだ企業の割合が高いことが分かります。新事業分野への進出が必ずしも会社の成長に繋がらないかもしれません

図表1-4 経営者年齢別、設備投資（維持・更新除く）の実施状況（2017年～2019年）

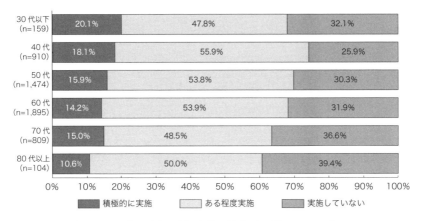

凡例：■ 積極的に実施　□ ある程度実施　■ 実施していない

資料：（株）東京商工リサーチ「中小企業の財務・経営及び事業承継に関するアンケート」
（注）新型コロナウイルス感染症流行前（2017年～2019年）の設備投資（維持・更新除く）
　　の実施状況について確認したもの。

（中小企業白書2021・第2-3-13図）

が、会社を成長させようという意欲は若い経営者の方が高いといえます。

　図表1-4のデータは経営者年齢別に同期間の設備投資（維持・更新除く）の実施状況を表したものです。設備投資を実施した企業の割合も経営者年齢が若い企業ほど高いことが分かります。

　例えば製造業や運送業の会社では、設備投資は非常に重要です。設備投資をして、償却し終わるとその設備は利益を生み続けてくれるので、つい設備投資を怠ってしまう中小企業が多いです。しかし、生産性向上のためには新しい設備が必要です。製造業や運送業で業績の良い会社は往々にして毎期減価償却費の金額が多額になっています。常に設備や車両に投資しているからです。

図1-5　経営者の就任経緯別、事業承継した際の経営方針

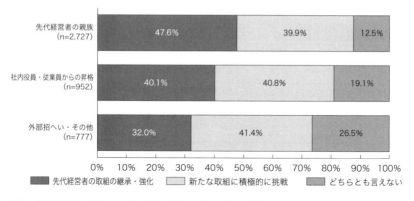

資料：(株)東京商工リサーチ「中小企業の財務・経営及び事業承継に関するアンケート」
(注) 1. 経営者になった経緯について、「創業者」と回答した者以外に対する質問。
　　 2.「外部招へい・その他」は「外部招聘」、「取引先・親会社からの派遣」、「その他」の合計。

（中小企業白書2021・第2-3-33図）

　図表1-5のデータは事業承継後に新経営者が前経営者の経営方針を引き継いだのか、または新たな取り組みをしたかについて表したものです。先代経営者の親族（親族承継）、社内役員・従業員からの昇格（親族外承継）、外部招聘・その他（M&Aも含む）のいずれも40％ほどの新経営者は、前経営者が行っていなかった新たな取り組みに挑戦していることが分かります。

　これまでのデータを鑑みると、高齢の経営者は一般的に新たな取り組みや設備投資に対して消極的であることが分かります。事業承継で若い経営者にバトンタッチし新経営者が会社の成長を考えた施策を打ち出すことで、会社がさらに成長する可能性が高まるのです。

　図表1-6は事業承継実施企業の承継後5年間の売上高成長率（同業種平均値との差分）を表したものです。これを見ると、事業承継の1年後が最も高いものの、2年目から5年目までも一貫して同業種平均

図表1-6 　事業承継実施企業の承継後の売上高成長率（同業種平均値との差分）

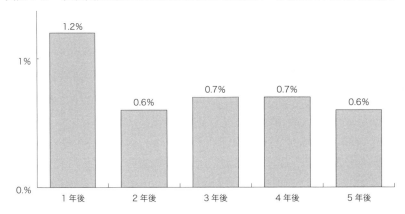

（注）1. 2010年〜2015年に経営者交代を1回行っており、経営者交代からその後5年間の売上高、当期純利益、従業員数の数値が観測できる企業を分析対象としている。
2. 成長率の数値は、マクロ経済の影響を取り除くため、経営者交代を行った企業の成長率の平均値と同分類産業の成長率の平均値との差分である。
3. 売上高成長率が95パーセンタイル以上または5パーセンタイル以下の観測値は外れ値として除外している。

（中小企業白書2021・第2-3-41図）

値を上回っており、事業承継を実施した企業の方が同業種平均値よりも高い成長率で推移していることが分かります。

（4）　事業承継の選択肢とメリット・デメリット

事業承継についてはいくつか選択肢があります。

①　親族承継
②　親族外承継
③　廃業
④　M&A（合併と買収）
⑤　IPO（株式上場）

上記①～⑤についてはこの後の各章で説明するとして、ここでは各選択肢を比較した時の評価と簡単なメリットとデメリットを**図表1-7**にまとめました。

図表1-7

	親族承継	親族外承継	廃業	M&A	IPO
創業者利潤	×	△	×	○	◎
従業員の雇用	◎	◎	×	◎	◎
必要な時間	△	△	◎	○	×
コスト	○	○	○	△	×
将来性	△～○	△～○	×	◎	◎
メリット	従業員や取引先への説明が楽 後継者が社内事情を熟知 同族経営が可能	従業員や取引先への説明が楽 後継者が社内事情を熟知	経営者のタイミングで実行できる	後継者を広範囲で探索できる 経営者保証が解除される 株式を現金化できる	創業者利潤が最大になる 知名度、信頼度が向上する（人材の確保が容易に）
デメリット	後継者が限定される 創業者利潤は得づらい	後継者が限定される	デメリット多数	コストがかかる	時間と費用が膨大にかかる そもそも上場できる会社は少数

　以後、各章にて事業承継の選択肢について説明していきます。

2　親族承継

(1)　親族承継の減少

　中小企業の事業承継で真っ先に思いつくのは親族内での事業承継ではないでしょうか。以前は親が経営する会社を子が継ぐのが当たり前で、親族が後継者であることに疑問を持つ従業員や取引先はあまりいなかったのではないでしょうか。

　しかし、今はその風潮は薄れているように思います。少子化の影響でそもそも後継者がいないという経営者も多いですし、子供はいるけど子供には経営を任せないという経営者もいます。下記のようなことをおっしゃる経営者が結構な割合でいらっしゃいます。

「子供は別の業種の仕事をしているので会社を継いでくれない」
「子供は経営者の器ではないので継がせない」
「今まで自分が会社経営で苦労したことを子供には味わってもらいたくない」
「自分が作った会社は自分で終わらせる（廃業する）予定」

　図表1-8のデータは現経営者がどのような形で会社を承継したかを表したものです。35年以上前は親族承継（上記のデータでいうと「息子・娘」＋「息子・娘以外の親族」）の割合は92.7％という非常に高い割合でした。しかし5年以上10年未満だと親族承継の割合は55％、0〜5年前だと親族承継の割合は34.3％と著しく低下しています。以前に比べると親族承継の割合は著しく減少していることが分かります。

図表 1-8　経営者の在任期間別の現経営者と先代経営者との関係

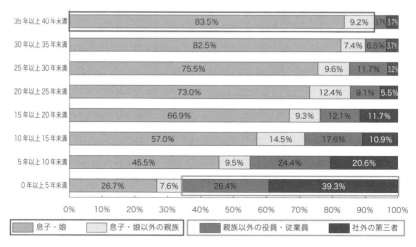

	息子・娘	息子・娘以外の親族	親族以外の役員・従業員	社外の第三者
35年以上40年未満	83.5%	9.2%	3.7%	3.7%
30年以上35年未満	82.5%	7.4%	6.5%	3.7%
25年以上30年未満	75.5%	9.6%	11.7%	3.2%
20年以上25年未満	73.0%	12.4%	9.1%	5.5%
15年以上20年未満	66.9%	9.3%	12.1%	11.7%
10年以上15年未満	57.0%	14.5%	17.6%	10.9%
5年以上10年未満	45.5%	9.5%	24.4%	20.6%
0年以上5年未満	26.7%	7.6%	26.4%	39.3%

（出典）中小企業庁委託「中小企業の資金調達に関する調査」（2015年12月、みずほ総合研究所（株））（再編・加工）

（中小企業庁「事業承継等に関する現状と課題について」平成28年）

図表 1-9　後継者有企業の承継方法

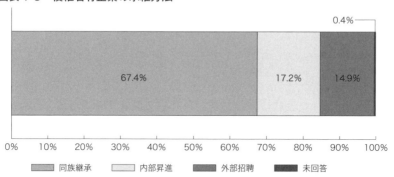

同族継承	内部昇進	外部招聘	未回答
67.4%	17.2%	14.9%	0.4%

資料：（株）東京商工リサーチ「2020年後継者不在率調査」
（注）（株）東京商工リサーチが保有するデータのうち、後継者「有」としている企業情報を集計している。同族継承は現経営者の親族への承継、内部昇進は社内の役員や従業員への承継、外部招聘は外部の第三者への承継を指す。

（中小企業白書2021・第2-3-27図）

　一方、**図表1-9**のデータは中小企業白書2021内のデータで、事業承継について「後継者がいる」と回答した会社に対してその後継者の種類を調査した結果を表しています。会社内の役員や従業員への承継（内

部昇進：17.2%）ではなく親族承継（67.4%）の割合が圧倒的に大きいです。やはり今でも後継者と言えば親族であるといえるでしょう。

（2）　親族承継における課題

　親族承継の割合は以前に比べ減少しているとはいえ、まだまだ親族承継の割合は高いということは先ほど触れました。ここで、日本商工会議所が経営者に対してとった2021年3月のアンケートの中にある事業承継を行う際に課題になることの調査結果に触れたいと思います。

図表1-10　事業承継の課題

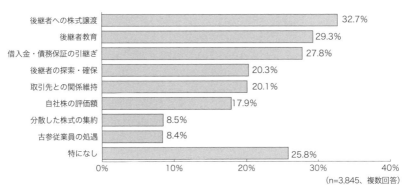

項目	割合
後継者への株式譲渡	32.7%
後継者教育	29.3%
借入金・債務保証の引継ぎ	27.8%
後継者の探索・確保	20.3%
取引先との関係維持	20.1%
自社株の評価額	17.9%
分散した株式の集約	8.5%
古参従業員の処遇	8.4%
特になし	25.8%

（n=3,845、複数回答）

日本商工会議所「事業承継と事業再編・統合の実態に関するアンケート」調査結果

　後継者へ事業承継する際に「株式譲渡」が課題になると回答した人の割合は32.7%と最も高いです。後継者、特に親族への承継となれば、少しでも承継する際の株価を低くしてから後継者に承継させることになります。株価を抑えて承継させるための具体的な対策については、本書では触れません。しかし、後継者への株式譲渡の際に用いることが多いであろう事業承継税制については次頁から簡単に触れたいと思います。

(3) 事業承継税制の活用

　事業承継税制とは、後継者である受贈者・相続人等が、経営承継円滑化法の認定を受けている非上場会社の株式等を贈与又は相続等により取得した場合において、その非上場株式等に係る贈与税・相続税について、一定の要件のもと、その納税を猶予し、後継者の死亡等により、納税が猶予されている贈与税・相続税の納付が免除される制度です。

　平成30年度税制改正では、事業承継税制について、これまでの措置に加え、10年間の措置として、納税猶予の対象となる非上場株式等の制限（総株式数の3分の2まで）の撤廃や、納税猶予割合の引上げ（80%から100%）等がされた特例措置が創設されました。

　特例措置を受けるには2023年（令和5年）3月末までに認定経営革新等支援機関の指導及び助言を受けた特例承継計画を対象会社の主た

図表1-11　（参考）特例措置と一般措置の比較

	特例措置	一般措置
事前の計画策定	**5年以内の特例承継計画の提出** （2018年4月1日から 2023年3月31日まで）	不要
適用期限	**10年以内の贈与・相続等** （2018年1月1日から 2027年12月31日まで）	なし
対象株数	**全株式**	総株式数の最大3分の2まで
納税猶予割合	**100%**	贈与：100% 相続：80%
承継パターン	複数の株主から**最大3人**の後継者	複数の株主から1人の後継者
雇用確保要件	弾力化	承継後5年間 平均8割の雇用維持が必要
経営環境変化に対応した免除	あり	なし
相続時精算課税の適用	60歳以上の者から **20歳以上の者への贈与**	60歳以上の者から20歳以上の推定相続人・孫への贈与

（国税庁パンフレット）

る事務所の所在地を管轄する都道府県庁に提出する必要があります（国税庁サイトより抜粋）。

　2023年（令和5年）4月以降、または期限内に特例承継計画を作成しない場合は一般措置を受けることになりますが、一般措置は特例措置に比べ猶予額が少なくなります。

図表1-12

都道府県庁	特例承継計画の策定 確認申請	● 会社が作成し、認定経営革新等支援機関（商工会、商工会議所、金融機関、税理士等）が所見を記載。 ● 2023年3月31日まで提出可能です。 ※株式等の贈与後に特例承継計画を作成することも可能です。その場合は、都道府県知事への認定申請時までに作成してください。
	贈与	
	認定申請	● 贈与年の10月15日～翌年1月15日までに申請。 ● 特例承継計画を添付。
税務署	税務署へ申告	● 認定書の写しとともに、贈与税の申告書等を提出。 ● 相続時精算課税制度の適用を受ける場合には、その旨を明記
都道府県庁／税務署	申告期限後5年間	● 都道府県庁へ「年次報告書」を提出（年1回）。 ● 税務署へ「継続届出書」を提出（年1回）。
	5年経過後 実績報告	● 雇用が5年平均8割を下回った場合には、満たせなかった理由を記載し、認定経営革新等支援機関が確認。その理由か、経営状況の悪化である場合等には認定経営革新等支援機関から指導・助言を受ける。
	6年目以降	● 税務署へ「継続届出書」を提出（3年に1回）。

（中小企業庁「経営承継円滑化法申請マニュアル」）

　なお、事業承継税制ではある特定の事象が生じると納税猶予の全部（または一部）が取り消されることになるので注意が必要になります。例えば以下のような事象が挙げられます。

・後継者が代表権を喪失した
・常時使用従業員数が80％を切った（特例措置の場合は可）
・後継者が筆頭株主でなくなった
・対象となる株式を譲渡した（譲渡した割合だけ納税猶予取消）
・対象会社が資産管理会社になった（一定の要件を満たせば可）

　次に、先ほど少し触れた日本商工会議所のアンケートの中に事業承継税制についての調査結果がありますので触れたいと思います。

図表1-13　事業承継税制の利用・検討状況（自社株式評価額1億円超）

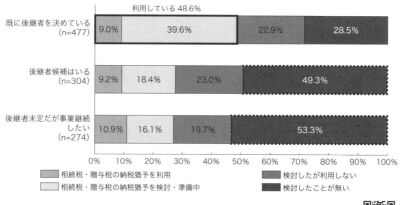

日本商工会議所「事業承継と事業再編・統合の実態に関するアンケート」調査結果

　図表1-13のデータは事業承継税制の利用・検討状況について経営者が回答した結果です。「すでに後継者を決めている」と回答した経営者が事業承継税制を利用している、または準備中であると回答した割合は48.6％となっております。その一方で、「すでに後継者を決め

ている」経営者の28.5%は「（事業承継税制を）検討したことがない」と回答しています。「後継者候補はいる」または「後継者未定だが事業継続したい」と回答した経営者においては、50%前後が「（事業承継税制を）を検討したことがない」と回答していることが分かります。

　後継者への事業承継をスムーズに行うための事業承継税制ですが、後継者がいる経営者においても事業承継税制を検討したことが無いと回答する割合が高いことが分かります。

図表1-14　特例承継計画の申請状況（自社株式評価額1億円超）

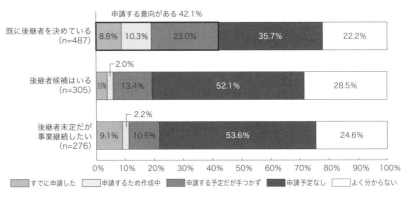

日本商工会議所「事業承継と事業再編・統合の実態に関するアンケート」調査結果

　次に、**図表1-14**のデータは特例事業計画の申請状況についての調査結果です。すでに後継者を決めている経営者においても、特例事業計画を申請する意向があるのは42.1%となっています。事業承継税制の特例措置を受けない経営者の方が多いことが分かります。

　これら2つのデータから、事業承継税制はまだまだ中小企業の経営者に浸透していないことが分かります。中小企業の経営者に事業承継税制が浸透していない理由について、同じく日本商工会議所のアンケート結果を見てみましょう。

図表1-15 事業承継税制利用の障壁

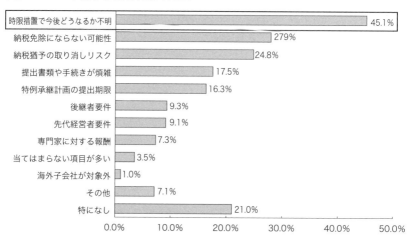

時限措置で今後どうなるか不明	45.1%
納税免除にならない可能性	279%
納税猶予の取り消しリスク	24.8%
提出書類や手続きが煩雑	17.5%
特例承継計画の提出期限	16.3%
後継者要件	9.3%
先代経営者要件	9.1%
専門家に対する報酬	7.3%
当てはまらない項目が多い	3.5%
海外子会社が対象外	1.0%
その他	7.1%
特になし	21.0%

※事業承継税制について「相続税・贈与税の納税猶予を検討・準備中」「検討したが利用しない」と回答した企業を対象として集計（n=943、複数回答）

日本商工会議所「事業承継と事業再編・統合の実態に関するアンケート」調査結果

　図表1-15のデータを見ると、この事業承継税制自体が将来どうなるか不明という回答が多いことが分かります。税理士の方々からも「改正されたとはいえ事業承継税制はまだまだ使いづらい」「顧問先に積極的に紹介しづらい」という声をよく耳にします。また、先ほど少し触れましたが、納税猶予が取り消されるというリスクがあることも事業承継税制の利用を躊躇する経営者が多いことの要因となっています。

　例えば、先代より事業承継税制の利用により会社の株式を承継した経営者が、何年後かに承継した会社を第三者に譲渡したいと考えた場合、譲渡した時点で納税猶予が取り消されます。本当ならM&Aをすることが経営者や会社にとって最善の選択であったとしても、事業承継税制が足かせになり結局M&Aを選択できないことが起こりえます（もちろん、M&Aに納税猶予の取消以上のメリットがあればM&Aを選択することもあるでしょうが）。

　このように、事業承継の促進を目的とした事業承継税制ですが、まだまだ中小企業には浸透していないことが分かります。

③ 親族外承継

(1) 役員や従業員への承継

　前節の親族承継の章で以前に比べて親族承継の割合が減少している
という話はしましたが、その一方で親族外承継の割合は増加していま
す。

図表1-16　後継者有企業の承継方法

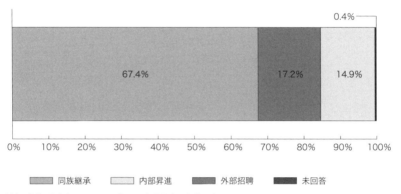

67.4%　　17.2%　14.9%　0.4%

| | 0% | 10% | 20% | 30% | 40% | 50% | 60% | 70% | 80% | 90% | 100% |

□ 同族継承　□ 内部昇進　■ 外部招聘　■ 未回答

資料：（株）東京商工リサーチ「2020年後継者不在率調査」
（注）（株）東京商工リサーチが保有するデータのうち、後継者「有」としている企業情報を集
　　　計している。同族継承は現経営者の親族への承継、内部昇進は社内の役員や従業員へ
　　　の承継、外部招聘は外部の第三者への承継を指す。

（中小企業白書2021・第2-3-27図）

　図表1-16のデータは親族承継の章で見ていただいたデータです
が、「内部昇進」（役員や従業員に経営を譲る）のケースも比較的多い
（17.2%）ことが分かります。

　親族承継同様に、会社内で働いている役員や従業員へ会社を承継す
ることも社内や取引先の理解は得やすいです。長年働いているので会
社の業務や取引先との関係に精通しているからです。

　一方で、役員や従業員への承継にはいくつかハードルがあります。
最近私が受けた相談を例に考えてみましょう。

　ある経営者とその奥様から、ある従業員へ会社を承継したいという相談を受けました。その従業員は40年ほど働いている古参の従業員で、数年前からその従業員に対して事業承継をすることを約束していましたが決断できないでいる、とのことです。社長が今の地位を手放すことが決断できないのと、従業員に株式を買い取る資力がないということが要因みたいでした。

　私は、従業員の資力の有無よりも従業員の年齢が気になりました。経営者にその従業員の年齢を伺うと60歳を超えているとのことでした。60歳を超える人に会社を承継しても、また何年かすると事業承継の問題が生じるのであまりお勧めしませんとお伝えしました（高齢者から高齢者に事業承継することを「老老承継」と呼ぶ人もいます）。それを社長の隣で聞いていた奥様がとても納得した感じで頷きました。奥様はその後、その従業員が社長になるのは他の従業員も知ってはいるが、いざ社長交代になったら果たして他の従業員たちは新社長の言うことを聞いてくれるかしら、と悩み始めました。社長と奥様はその従業員とも再度話をして方向性を決めるとおっしゃり、この面談は終了しました。

　この例の従業員承継には、以下のようなハードルがありました。

・社長の希望する株価で買い取るだけの資力が無い

・従業員が高齢（老老承継）

・他の従業員が納得するか不明

図表1-17　事業承継の課題

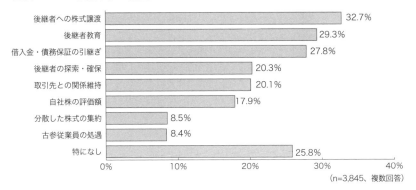

日本商工会議所「事業承継と事業再編・統合の実態に関するアンケート」調査結果

(2) 役員や従業員への株式の譲渡について

　先ほども触れましたが、後継者への株式譲渡が課題になると考える経営者が多いです。親族承継であれば、株価を低くして承継することを考える経営者が多いですが、親族以外の人（役員や従業員）に低い金額で株式を譲渡したいと考える経営者は少数派ではないでしょうか。長年一緒に仕事をしてきた役員や従業員とはいえ親族外の人であればできれば高い金額で株式を譲渡したいと考えるでしょう。親族承継に比べ親族外承継のほうが株式の譲渡が課題になりがちです。

　現社長が社長の座と株式を従業員に譲渡する予定でしたが、従業員が借入をしてまで株式を譲り受けたくないと拒否したため、その従業員を社長に昇格させ、前社長は会長という肩書で新社長に経営を任せますが、株式は前社長が引き続き所有するというケースはよく見かけます。いわゆる「所有と経営の分離」の状態になっている会社です。しかし、「所有と経営の分離」となっている中小企業のオーナー（所有者）が自身の所有する株式を第三者に譲渡したいと考えた場合、スムーズに話が進まない可能性があるので注意が必要です。

　所有と経営が分離している会社の株式をオーナーが第三者に譲渡する場合、M&Aに必要な会社の資料（決算書や規程類、従業員名簿など）をオーナーが用意できない場合は、社長に用意いただくことになります。M&Aをする旨を社長に話をして協力を仰ぐのですが、社長からするとM&Aが成立しオーナーが代わることで社長の座を奪われることになるかもしれないと感じるかもしれません。仮に社長の座は奪われなくても、社長の思い通りの経営ができなくなる可能性もあります。M&Aが失敗するほうが社長にメリットがあると考え、社長がM&Aを阻止する動きをすることがあります。M&Aに必要な資料を社長が用意してくれないというのはまだマシで、中にはM&Aを進めるのであれば主要な従業員を連れて会社を辞めると、脅しに近い形でオーナーにM&Aの中止を求めた事例もあります。

　社長がオーナーの意にそぐわない行動をすればオーナーが社長を解任すれば良いのではという考えもあるかもしれません。しかし、中小企業の経営は往々にして属人的なので、社長を解任すると経営が立ちいかなくなる可能性があります。理論的にはオーナーは社長を解任できるのですが、実際は社長を解任するのは簡単ではないです。

　「所有と経営の分離」とは、本来は経営のプロではない所有者の代わりに経営のプロが経営をすることで会社の利益を最大化することを目的にしています。上場会社は所有と経営が分離していますが、中小企業では所有と経営が分離していない会社が殆どです。なぜなら、中小企業は上場会社に比べ役員・従業員の人数が少ないため、所有者以上に経営の能力に長けた人を探すのは難しいからです。中小企業で所有と経営をあえて分離する必要はありません。

　所有と経営が分離した状態だとM&Aが成立しない可能性があります。上記の例のように役員や従業員が株式の引き受けを拒否した場合は、無理に役員や従業員を経営者にするのではなく、「所有と経営が一致」しているうちに第三者に株式を譲渡するのが得策です。

(3) 会社の債務の個人保証について

(1)の「事業承継の課題」のデータにもありますが、会社の借入金、債務保証の引継ぎも親族外承継において大きな障壁となります。会社の億を超える借入の保証を個人で負うことについて、承継する役員や従業員にその覚悟が足りないことが多いです。また、役員や従業員が債務保証を引き継ぐ覚悟はあったのに奥様から反対されて結局承継できなかったというケースも見受けられます。

会社の債務の個人保証については以前から問題となっていて、中小企業庁は平成26年に「経営者保証に関するガイドライン」を公表しています。当ガイドラインでは以下のことが定められています。

⑴　法人と個人が明確に分離されている場合などに、経営者の個人保証を求めないこと

⑵　多額の個人保証を行っていても、早期に事業再生や廃業を決断した際に一定の生活費等（従来の自由財産99万円に加え、年齢等に応じて約100～360万円）を残すことや、「華美でない」自宅に住み続けられることなどを検討すること

⑶　保証債務の履行時に返済しきれない債務残額は原則として免除すること

経営者保証に関するガイドラインのサイトに実績が載っているので見てみましょう。

図表 1-18　政府系金融機関におけるガイドラインの活用実績

	平成26年2月～3月		平成26年度		平成27年度		平成28年度	
	件数	金額（億円）	件数	金額（億円）	件数	金額（億円）	件数	金額（億円）
①新規に無保証で融資した件数・金額	5,634	2,479	41,860	14,801	52,911	18,950	73,210	29,638
②新規融資件数・金額	37,345	11,428	219,099	60,457	220,628	58,795	226,266	59,484
③新規融資に占める経営者保証に依存しない融資割合【③＝①／②】	15%	22%	19%	24%	24%	32%	32%	50%

	平成26年2月～3月		平成26年度		平成27年度		平成28年度	
	件数	金額（億円）	件数	金額（億円）	件数	金額（億円）	件数	金額（億円）
④保証契約を解除した件数・金額	463	310	5,205	4,761	3,662	3,541	2,765	3,019

	平成26年2月～3月		平成26年度		平成27年度		平成28年度	
		1ヶ月当たり平均		1ヶ月当たり平均		1ヶ月当たり平均		1ヶ月当たり平均
⑤ガイドラインに基づく保証債務整理を成立させた件数	2	1	46	4	61	5	135	11

図表 1-19　信用保証協会におけるガイドラインの活用実績

	平成30年度
①無保証人で信用保証を承諾した件数	156,880
②信用保証を承諾した件数	633,614
③信用保証を承諾した件数のうち無保証人の割合【③＝①／②】	25%

	平成30年度
④既存の保証付き融資について、保証人の保証契約を解除した件数	6,669

	平成30年度	
		1ヶ月当たり平均
⑤ガイドラインに基づく保証債務整理を成立させた件数	1,146	96

平成29年度		平成30年度		令和元年度		令和2年度		平成26年2月～令和3年3月 (累積件数)	
件数	金額(億円)	件数	金額(億円)	件数	金額(億円)	件数	金額(億円)	件数	金額(億円)
69,801	26,189	69,295	24,921	75,017	26,207	225,580	96,594	613,308	239,777
206,926	50,646	192,091	47,326	193,017	47,616	592,471	151,296	1,887,843	487,048
34%	52%	36%	53%	39%	55%	38%	64%	32%	49%

平成29年度		平成30年度		令和元年度		令和2年度		平成26年2月～令和3年3月 (累積件数)	
件数	金額(億円)	件数	金額(億円)	件数	金額(億円)	件数	金額(億円)	件数	金額(億円)
2,853	3,256	2,674	3,436	3,115	4,510	2,998	6,285	23,735	29,117

平成29年度		平成30年度		令和元年度		令和2年度		平成26年2月～令和3年3月	
	1ヶ月当たり平均		1ヶ月当たり平均		1ヶ月当たり平均		1ヶ月当たり平均		1ヶ月当たり平均
162	14	189	16	188	16	204	17	987	11

令和元年度	令和2年度	平成30年4月～令和3年3月 (累計件数)
160,639	612,802	930,321
671,583	1,946,609	3,251,806
24%	31%	29%

令和元年度	令和2年度	平成30年4月～令和3年3月 (累計件数)
6,196	6,686	19,551

令和元年度		令和2年度		平成30年4月～令和3年3月 (累計件数)	
	1ヶ月当たり平均		1ヶ月当たり平均		1ヶ月当たり平均
1,013	84	860	72	3,019	84

(中小企業庁「経営者保証に関するガイドライン」)

政府系金融機関（商工組合中央金庫、日本政策金融公庫）、信用保証協会のどちらも無保証での融資や保証契約の解除の件数が増えています。また、同サイトには経営者が交代した際の保証債務の引継ぎについてのデータもありますので見てみましょう。

図表1-20

政府系金融機関 （商工組合中央金庫、日本政策金融公庫）	平成30年度		令和元年度		令和2年度	
	件数	構成比	件数	構成比	件数	構成比
旧経営者との保証契約を解除し、かつ新経営者との保証契約を締結しなかった件数	1,536	7.2%	1,561	7.9%	1,610	8.0%
旧経営者との保証契約を解除する一方、新経営者との保証契約を締結した件数	5,179	24.2%	5,230	26.5%	4,444	22.0%
旧経営者との保証契約は解除しなかったが、新経営者との保証契約は締結しなかった件数	5,571	26.0%	4,260	21.6%	3,660	18.1%
旧経営者との保証契約を解除せず、かつ、新経営者との保証契約を締結した件数	483	2.3%	295	1.5%	5	0.0%
旧経営者がすでに無保証で、かつ、新経営者から保証を徴求していない件数	8,630	40.3%	8,404	42.6%	10,508	52.0%

信用保証協会（全国）	平成30年度		令和元年度		令和2年度	
	件数	構成比	件数	構成比	件数	構成比
既存の保証付き融資について旧経営者との保証契約を解除し、かつ、新経営者との保証契約を締結しなかった件数	696	2.0%	652	1.8%	1,128	2.8%
既存の保証付き融資について旧経営者との保証契約を解除する一方、新経営者との保証契約を締結した件数	10,858	30.5%	11,508	32.5%	13,683	34.0%
既存の保証付き融資について旧経営者との保証契約は解除しなかったが、新経営者との保証契約は締結しなかった件数	20,666	58.1%	21,648	61.1%	24,887	61.8%
既存の保証付き融資について旧経営者との保証契約を解除せず、かつ、新経営者との保証契約を締結した件数	3,326	9.4%	1,594	4.5%	543	1.3%

（経営者保証に関するガイドラインのサイトを元に加工）

　図表1-20の中で、特に信用保証協会では旧経営者との保証契約が解除されていない（保証契約が新経営者に引き継がれていない）ケースが多いことが分かります。政府系金融機関でも20%弱の割合で旧経営者との保証契約を解除していません。上記データは「代表者の交

代時」とあるので、旧経営者の株式を新経営者に譲渡しないで代表権だけ交代したケースが殆どではないかと思います。

なお、M&Aによって第三者に株式を譲渡する際には、旧経営者の保証契約の解除が大前提となりますので、旧経営者の保証契約が解除されないということは原則ありません。旧経営者からすれば、代表権も株式も新経営者に承継したのに保証契約が解除されなければ承継した意味が無いからです。

(4) 親族外承継のスキーム例

親族外承継のスキームは様々ですが、ここではSPC（Special Purpose Company：特別目的会社）を使ったスキームを簡単にご紹介します。

図表1-21

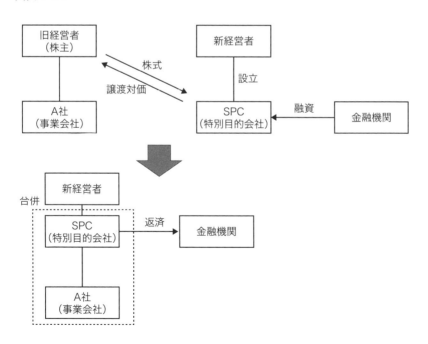

【手順】

① 新経営者がSPC（特別目的会社）を設立します。

② SPCが金融機関等から株式買収の資金を調達します。

③ 旧経営者が所有する株式をSPCが買い受けます。

④ A社（事業会社）はSPCの子会社となります。

⑤ 一定期間をおいてSPCとA社が合併します。

⑥ A社が金融機関等に融資の返済をします。

　上記のスキームだと新経営者自らが株式の対価を調達する必要が無く、金融機関等への返済は事業会社が行います。上記の例でいうとA社に資金的余裕がある場合は、A社とSPCとの合併により内部にある資金で金融機関からの借入を返済することができます。

　なお、新経営者は金融機関からの借入に対し個人保証を負う可能性があります。その場合、事業会社の業績が傾き金融機関等への返済が厳しくなった際には、新経営者が金融機関からの借入を返済することになります。

4 倒産とM&A

(1) 倒産件数の推移

　中小企業白書によると「我が国の倒産件数は、2009年以降は減少傾向で推移してきた中で、2020年は資金繰り支援策などの効果もあり30年ぶりに8,000件を下回る水準となった。また、これを規模別に見ると、倒産件数の大部分を小規模企業が占めていることが分かる。」とあり、倒産件数は減少傾向にあることが分かります。

図表1-22　倒産件数の推移

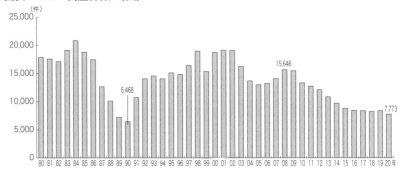

図表1-23　企業規模別倒産件数の推移

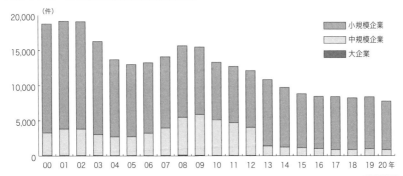

（中小企業白書2021・第1-1-36図・第1-1-37図）

（2）　倒産の定義

　倒産に明確な定義はありませんが、企業が債務の支払不能に陥ったり、経済活動を続けたりすることが困難になった状態をいいます。倒産の手続きは主に私的整理と法的整理に分類されます。

①　私的整理とは

　裁判所が関与しない倒産手続を私的整理といいます。私的整理は債権者である金融機関が債務者と協議し、債務者の支払いの猶予や返済条件の変更、場合によっては債務者に対する債権カットを行うことです。私的整理は裁判所が関与しないので私的整理の事実が公表されることはありませんが、法的な強制力が無いので債権者の同意が必要になります。したがって、債権者が多数の場合は債権者の意見がまとまらずに私的整理を行うことができない場合があります。

②　法的整理とは

　裁判所が関与して行われる整理を法的整理といいます。法的整理とは「会社更生法手続」「民事再生法手続」「破産手続」「特別清算」のいずれかの開始の申請を裁判所に行うことです。「会社更生法手続」「民事再生法手続」は再建型、「破産手続」「特別清算」は清算型に分類されます。

（a）民事再生手続とは

　民事再生手続は、裁判所が選任する監督委員の監督下で、再生債務者が再生計画案を策定し、債権者の同意（議決権を有する債権者の過半数の同意、かつ議決権総額の2分の1以上の多数の承認が必要）のもとで弁済する手続きです。破産手続きや特別清算手続きとは異なり、会社を清算しません。事業を継続しながら債務を弁済していきます。民事再生手続きの場合は経営陣の入れ替えが必須ではないので、民事再生手続後に現経営陣により事業を継続できる可能性があります。

(b) 会社更生手続とは

会社更生手続は、裁判所が選任する更生管財人が「会社の財産の調査・管理」と「更生計画案の策定」を行い、債権者の同意のもとで弁済する手続きです。民事再生手続きと同じく、事業を継続しながら弁済します。民事再生手続きとの違いは、原則として経営陣の入れ替えが必須であることと、株式会社のみが利用できることです。

(c) 破産手続とは

破産手続きは、裁判所が選任する破産管財人が破産者の資産の調査・管理、換価処分をして、債権者に弁済または配当する手続きです。破産手続きによって法人・会社が消滅し、会社が保有する資産と財産の処分・清算を行います。会社そのものが消滅するため負債・債務も一緒に消滅することになります。

(d) 特別清算とは

特別清算手続きは、裁判所が選任する特別清算人が「法人・会社の財産・債務の清算」と「協定案の作成」を行い、債権者の同意のもとで債務を弁済する手続きです。不利益を受ける債権者の同意があれば債権者によって異なる割合で返済をすることができるという特徴があります。また、破産手続きと同様に、法人・会社が清算されて消滅しますが、破産手続きとの違いは、特別清算は株式会社のみが行えるという点です。

(3) 倒産とM&A（再生型M&A）

① 私的整理の場合

私的整理を伴う再生型M&Aでは、特定認証紛争解決手段（事業再生ADR）や中小企業再生支援協議会、地域経済活性化支援機構（REVIC）が対象会社の債務を削減した上で、スポンサーとなる企業が対象会社を買収します。上記のような機関が介入せずに債権者（金

融機関）の全会一致で対象会社の債務を削減した上でスポンサー企業が対象会社を買収することもあります。

　上記の他、第二会社方式と呼ばれる手法を用いることもあります。第二会社方式とは、財務状況が悪化している中小企業を収益性のある事業（Good事業）と不採算部門や債務（Bad事業）を会社分割や事業譲渡により切り離し、Good事業を新設会社や他の事業者（第二会社）に承継させ、Bad事業は旧会社に残し破産手続や特別清算をすることにより事業の再生を図る手法です。なお、債権放棄の同意が得られていない金融機関からの債務を旧会社に残して特別清算等をすると、金融機関が詐害行為取消請求権を行使する可能性があるので注意が必要です。それを避けるためには、旧会社に残す債務は金融機関が債権放棄に同意している債務のみとすべきでしょう。

図表1-24　中小企業の事業再生に有効な「第二会社方式」

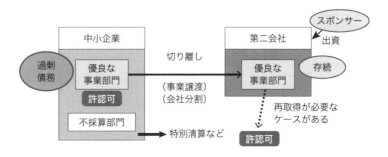

（中小企業庁「第二会社方式による再生支援のための改正産活法について」）

　2009年に「産業活力の再生および産業活動の革新に関する特別措置法」が改正されたことで創設された「中小企業承継事業再生計画」の認定制度における認定を受けることにより、第二会社方式における問題点を軽減するための以下の支援措置を受けることができるようになっています。

図表 1-25　「第二会社方式」が抱える課題に対する支援が必要

課題①:第二会社が営業上の許認可を再取得する必要がある場合、事業期間に空白が発生。	措置①:事業に係る許認可を承継できる特例 ➤認定要件として、雇用と取引先の維持を規定。
課題②:事業用不動産等の移転に伴う税負担が発生。	措置②:登録免許税・不動産取得税の軽減 ➤登録免許税(不動産登記)0.80%→0.20%など、各種税率を軽減。 ➤不動産取得税(土地)3.00%→2.50%、(建物)4.00%→3.30%に軽減。
課題③:事業取得などのために、新規の資金調達が必要。	措置③:金融支援 ➤日本政策金融公庫の低利融資(基準金利−0.9%) ➤信用保険の別枠化(普通2億円、無担保8千万円、特別小口:1250万円) ➤投資育成会社による出資対象範囲の拡大(資本金上限枠3億円の引上げ)

（中小企業庁「第二会社方式による再生支援のための改正産活法について」）

②　法的整理の場合

　先述の通り、法的整理手続の中で民事再生手続及び会社更生手続は再建型に分類されます。法的整理手続により債務が削減された対象会社をどのように再建するかについて、法的整理手続により債務カットされた対象会社を現経営陣が自力で再建する方法（自主再建型）と法的整理手続により債務カットされた対象会社のスポンサーを探す方法があります。このスポンサーを探すのが再生型M&Aです。なお、債務カットされることを前提として法的整理手続の申請前に対象会社のスポンサーになってくれる企業を探す方法をプレパッケージ型と呼びます。

(4)　コロナ禍と倒産件数

　2020年初頭より、どの企業も新型コロナウイルスの猛威の影響を少なからず受けています。特に中小企業の体力ではコロナ禍を乗り切れず、倒産件数は右肩上がりで増加するだろうと考えられていました。しかし政府の給付金や各金融機関の無利息融資（これも政府の支援と言えますが）により資金的な余裕のある会社が増加し、全体的に

見ると倒産件数はそれほど増えていないです。下のデータは帝国デー
タバンクが新型コロナウイルス関連の倒産件数を公表しているもので
すが、このグラフだけ見ると右肩上がりで増えていますが（件数の累
計なので当たり前ですが）、件数自体の増加はそこまで多くないこと
が分かります。

図表1-26　新型コロナウイルス関連倒産の発生累計件数（各月とも月末時点の件数）

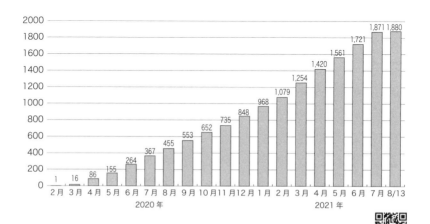

（帝国データバンク「新型コロナウイルス関連倒産発生累計件数推移」）

　しかし、無利息の融資であってもいずれ返済する必要があります。
その返済時期が訪れる頃に返済に窮して倒産する中小企業が増加する
と考えられています。この原稿を執筆している2021年10月上旬は感
染者は減少し緊急事態宣言が解除されましたが、いつまた感染者が増
加するか分かりません。

　今後倒産企業は増加してくることが見込まれますが、その倒産企業
を存続させるための再生型M&Aも今後益々増えてくるでしょう。

5 廃業とM&A

(1) 廃業とは

　廃業とは、個人事業主・企業の経営者が理由を問わず自主的に事業を止めることをいいます。先ほど説明した倒産は会社が債務超過等で経営が立ちいかなくなった状況でしたが、廃業は事業が順調であっても経営者の判断で行われるものです。

　廃業数の推移を見てみましょう。『（株）東京商工リサーチの「休廃業・解散企業」動向調査によると、2020年の休廃業・解散件数は4万9,698件で、前年比14.6%増となりました（**第1-1-42図（図表1-27）**）。また、（株）帝国データバンクの全国企業「休廃業・解散」動向調査によると、2020年の休廃業・解散件数は5万6,103件で、前年比5.3%減となりました（**第1-1-43図（図表1-28）**）。調査ごとに傾向に差異は見られるものの、休廃業・解散の背景には構造的な要因

図表1-27　休廃業・解散件数の推移（東京商工リサーチ）

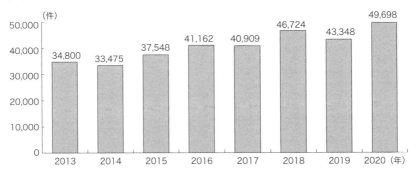

資料：（株）東京商工リサーチ「2020年「休廃業・解散企業」動向調査」
(注) 1. 休廃業とは、特段の手続きをとらず、資産が負債を上回る資産超過状態で事業を停止すること。
　　 2. 解散とは、事業を停止し、企業の法人格を消滅させるために必要な清算手続きに入った状態になること。基本的には、資産超過状態だが、解散後に債務超過状態であることが判明し、倒産として再集計されることもある。

（中小企業白書2021・第1-1-42図）

図表1-28　休廃業・解散件数の推移（帝国データバンク）

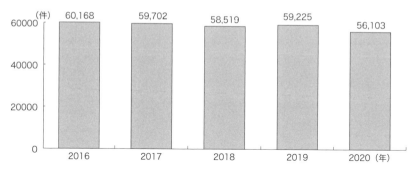

資料：（株）帝国データバンク「全国企業「休廃業・解散」動向調査（2020年）」
（注）休廃業・解散とは、倒産（法的整理）によるものを除き、特段の手続きを取らずに企業活動が停止した状態の確認（休廃業）、もしくは商業登記等で解散（但し「みなし解散」を除く）を確認した企業の総称。

（中小企業白書2021・第1-1-43図）

として経営者の高齢化や後継者不足が存在することがいずれの調査においても確認されています』（中小企業白書2021）。

　東京商工リサーチ集計データだと2013年から廃業数が徐々に増加していますが、帝国データバンク集計データではほぼ横ばいで直近では若干減少しています。東京商工リサーチと帝国データバンクでデータが異なりますが、廃業数が1年間で5万件前後であることが分かります。

図表1-29　休廃業・解散　倒産件数

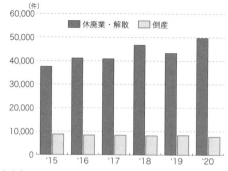

東京商工リサーチ調べ

休廃業・解散　倒産件数年次推移
（単位：件）

年	休廃業・解散	前年比	倒産	前年比
2013	34,800	13.68%	10.855	▲10.47%
2014	33,475	▲3.81%	9,731	▲10.35%
2015	37,548	12.17%	8,812	▲9.44%
2016	41,162	9.63%	8,446	▲4.15%
2017	40,909	▲0.61%	8,405	▲0.49%
2018	46,724	14.21%	8,235	▲2.02%
2019	43,348	▲7.23%	8,383	1.80%
2020	49,698	14.65%	7,773	▲7.28%

東京商工リサーチ調べ

（東京商工リサーチ「休廃業・解散、倒産件数年次推移」）

　2020年（1－12月）に全国で休廃業・解散した企業（以下、休廃業企業）は、4万9,698件（前年比14.6％増）で、これまで最多の2018年（4万6,724件）を抜き、2000年に調査開始以降、最多を記録しました。一方、2020年の企業倒産はコロナ禍での政府や自治体、金融機関の資金繰り支援策が奏功し、7,773件（前年比7.2％減）と2年ぶりに減少しただけに対照的な結果となりました。休廃業・解散と倒産の合計は5万7,471件に達しています。「経済センサス-活動調査」（2016年）によると、国内の企業数は358万9,000超で、単純計算でその1.6％が2020年に市場から撤退・消滅したことになります。

　休廃業した企業の41.7％が代表者の年齢は70代となっています。60歳以上でみると84.2％と8割を超え、60歳以上の比率は前年（2019年）から0.7ポイント上昇しています。事業承継がスムーズに進まず、社長の高齢化が休廃業・解散を加速する要因になっています（東京商工リサーチ「2020年「休廃業・解散企業」動向調査」より）。

　上記の動向調査では、事業承継がスムーズに進んでいないことで社長の高齢化が進んでいることが廃業の件数増加の要因であると説明しています。本書の最初でも触れましたが、改めて社長の高齢化の状況と事業承継の状況について触れたいと思います。

(2)　経営者の高齢化

　図表1-30のグラフは経営者の年齢別の分布を表したグラフです。1995年は47歳の経営者の数が最も多かったのですが、2018年は69歳の経営者の数が最も多いことが分かります。1995年から2018年の23年間で経営者の人数が最も多い年齢が、47歳から69歳と移動しています。つまり1995年に経営者であった方がそのまま経営者として継続していると言えます。2021年の集計結果はありませんが、2018年から3年経過しているので単純に計算すると、2018年に最も人数が多

図表1-30　年代別に見た中小企業の経営者年齢の分布

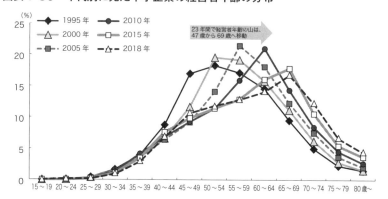

資料：（株）帝国データバンク「COSMOS2（企業概要ファイル）」再編加工
（注）年齢区分が5歳刻みであるため山が、動いているように見えないが、2015年から2018年
にかけて、経営者年齢のピークは3歳高齢化している

（中小企業庁「経営者の世代交代」より）

　かった69歳に3年プラスした72歳の経営者が最も多いことになります。やはり中小企業の経営者の高齢化が進んでいることが分かります。裏を返せば、経営者が高齢化する前に次の後継者にスムーズに事業承継ができていないということです。

図表1-31　休廃業・解散件数と経営者平均年齢の推移

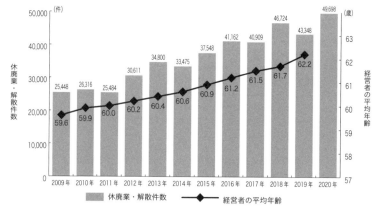

資料：（株）東京商工リサーチ「2020年「休廃業・解散企業」動向調査」、「全国社長の年齢調査（2019年
12月31日時点）
（注）1.経営者の平均年齢は2019年までを集計している。
　　　2.休廃業・解散件数については、2013年以降補足率が高くなる形で調査の精度が向上されている。

（中小企業白書2021・第2-3-4図）

　そして**図表1-31**のデータは廃業件数と経営者の平均年齢の推移を表したものです。経営者の平均年齢が上昇するにつれ廃業件数も増加していることが分かります。スムーズな事業承継ができていないため経営者が高齢化していき、経営者が引退をする際にそのまま会社も廃業する、という流れになっています。確かに、70歳を超えていてもパワフルでまだまだ自分が経営をしていくと息巻いている経営者もいらっしゃいます。ただ、そのようなパワフルな経営者もいずれ引退する時期がやってきます。会社の存続を考えると、いつまでもご自身が経営していくのではなく、事業承継について真剣に検討することもが必要でしょう。

(3)　廃業と後継者不在

図表1-32　休廃業・解散企業の代表者年齢の構成比

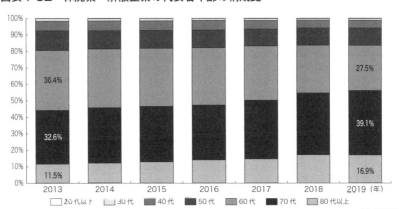

資料：(株)東京商工リサーチ「2019年「休廃業・解散企業」動向調査」

（中小企業白書2020・第1-3-27図）

　図表1-32のデータは廃業した会社の経営者の年齢を年代別に集計したものです。どの年度を見ても、廃業した会社の8割以上が60代以上の経営者であることが分かります。先ほど、廃業件数の増加と経営者の高齢化がある程度連動していると書きましたが、なぜ経営者が

60歳を超えると急に廃業件数が増加するのでしょうか。それは、経営者が60歳を超えると経営者自身の将来と経営している会社の将来について真剣に考えるようになるからです。

①　経営者自身の将来について検討し始める

先述の通り、経営者の平均年齢は60歳以上で、最も人数の多い年齢が70歳を超えています。一昔前は60歳といえば定年退職する年齢でしたし、現在は再雇用等で60歳以上でも働いてらっしゃる方は多いです。ただ、70歳以上で働いている方は少ないです。参考までに、総務省が公表している労働力調査（2020年）のデータを見ると、就業者は65歳以上になると大きく減少していることが分かります。

図表1-33　年齢階級別就業者数の推移

（万人）

		男女計								男			女		
		総数	15〜64歳	15〜24歳	25〜34歳	35〜44歳	45〜54歳	55〜64歳	65歳以上	総数	15〜64歳	65歳以上	総数	15〜64歳	65歳以上
実数	2010年	6298	5728	492	1247	1472	1291	1227	570	3643	3293	350	2656	2434	221
	2011	6293	5722	481	1217	1503	1286	1235	571	3639	3289	349	2654	2433	222
	2012	6280	5684	472	1192	1514	1301	1205	596	3622	3258	365	2658	2426	231
	2013	6326	5690	483	1173	1522	1336	1177	637	3620	3231	390	2707	2459	247
	2014	6371	5689	486	1158	1523	1365	1158	682	3635	3220	416	2737	2469	267
	2015	6401	5670	488	1136	1509	1400	1137	732	3639	3196	443	2764	2474	288
	2016	6465	5695	512	1130	1482	1445	1126	770	3655	3193	462	2810	2502	308
	2017	6530	5724	519	1124	1458	1489	1134	807	3672	3188	483	2859	2535	324
	2018	6664	5802	562	1120	1436	1535	1148	862	3717	3206	512	2946	2596	350
	2019	6724	5832	580	1110	1401	1580	1162	892	3733	3202	531	2992	2630	361
	2020	6676	5771	563	1098	1350	1588	1172	906	3709	3170	538	2968	2601	367
対前年増減	2010年	-16	-22	-21	-30	19	11	0	5	-23	-22	-1	7	0	7
	2011年	-5	-6	-11	-30	31	-5	8	1	-4	-4	-1	-2	-1	1
	2012	-13	-38	-9	-25	11	15	-30	25	-17	-31	16	4	-7	9
	2013	46	6	11	-19	8	35	-28	41	-2	-27	25	49	33	16
	2014	45	-1	3	-15	1	29	-19	45	15	-11	26	30	10	20
	2015	30	-19	2	-22	-14	35	-21	50	4	-24	27	27	5	21
	2016	64	25	24	-6	-27	45	-11	38	16	-3	19	46	28	20
	2017	65	29	7	-6	-24	44	-8	37	17	-5	21	49	33	16
	2018	134	78	43	-4	-22	46	14	55	45	18	29	87	61	26
	2019	60	30	18	-10	-35	45	14	30	16	-4	19	46	34	11
	2020	-48	-61	-17	-12	-51	8	10	14	-24	-32	7	-24	-29	6

総務省統計局（労働力調査（基本集計）2020年（令和2年）平均結果の要約・表3）

　経営者としてバリバリ働いてきた方も、同年代の友人や知り合いがリタイアして第二の人生を歩んでいる姿を見ると、自分はいつまで働くのだろうとふと考えるようになります。年齢を重ねるとケガや病気のリスクも高まりますし体力も落ちます。第二の人生を楽しく過ごしたいと願っていても、病気等で叶わない可能性もあります。足腰が弱り満足に旅行に行けない可能性もあります。そのようなことを考えた結果、元気なうちに引退しようと考えるようになります。

② **会社の将来について検討し始める**

図表 1-34　事業承継・廃業の予定年齢

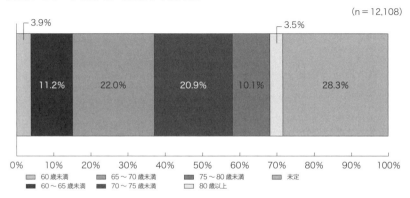

(n = 12,108)

3.9%　11.2%　22.0%　20.9%　10.1%　3.5%　28.3%

□ 60歳未満　□ 65〜70歳未満　■ 75〜80歳未満　□ 未定
■ 60〜65歳未満　■ 70〜75歳未満　□ 80歳以上

資料：大同生命保険(株)「大同生命サーベイ（2020年9月）」

（中小企業白書2021・第2-3-15図）

　図表1-34のデータは事業承継や廃業の予定年齢を集計したものですが、60歳以上で事業承継や廃業を予定しているという経営者が大多数であることが分かります。やはり60歳を超えるタイミングで会社の将来やご自身の将来を検討し始めるということです。

図表1-35 経営者の就任経緯別、事業承継の意思を伝えられてから経営者に就任するまでの期間

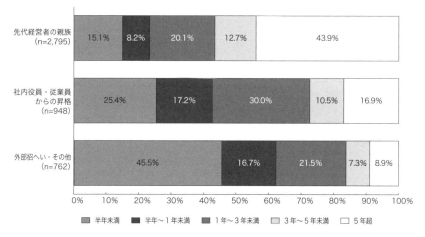

資料：(株) 東京商工リサーチ「中小企業の財務・経営及び事業承継に関するアンケート」
(注) 1. 経営者になった経緯について、「創業者」と回答した者以外に対する質問。
　　 2.「外部招へい・その他」は「外部招聘」、「取引先・親会社からの派遣」、「その他」の合計。

(中小企業白書2021・第2-3-31図)

　図表1-35のデータは後継者が経営者から事業承継の意思を伝えられてから実際に経営者として就任するまでの期間を事業承継の選択肢ごとにまとめたものです。親族承継の場合は事業承継完了までの期間が5年超である割合が最も大きくなっています。一方、外部招聘（M&Aも含む）の場合は半年未満の割合が最も多いです。なお、M&Aでは、成約後に旧経営者が新経営者へ業務等の引継ぎを行う期間を最低3か月～1年ほどに設定することが多いです。

　図表1-36のデータは後継者の有無について経営者に質問した結果です。60代から「後継者あり」の割合が高まっているのが分かります。50代までは「後継者不在」の割合の方が高いですが、これは後継者「不在」というよりは経営者自身がまだまだ自分で経営していくので「後継者について特に考えていない」ということでしょう。一方、60代になるといよいよ会社の将来、そして後継者について真剣に考えるようになり、その結果として「後継者あり」の割合が増えていると推測

図表1-36　社長年齢別に見た、後継者決定状況

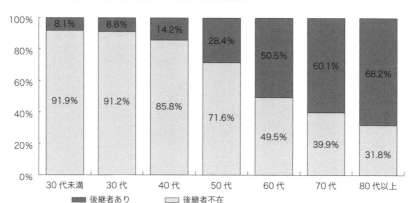

資料：（株）帝国データバンク「全国・後継者不在企業動向調査（2019年）」

(中小企業白書2020・第1-3-24図)

されます。

　なお、上記のデータでもう一つ注目すべきは、80代以上の経営者の31.8％が「後継者不在」と回答している点です。80歳を超えると経営者に万が一の事態（例えば亡くなったり、寝たきりになったりという状況）が生じる可能性はかなり高くなります。経営者が突然亡くなっても従業員の雇用や取引先との取引を存続させるために早急に次の経営者を決めなくてはなりません。しかし上記データを見ると、そのような状況になる可能性が高い会社においても3割以上の会社が次の経営者候補がいないという状況にあるということです。会社の将来を考えると、この状況は非常に危険であるといえます。

　そして、後継者について真剣に検討した結果、後継者がいないと判断した経営者が廃業を選択することになるのです。つまり、中小企業の経営者の高齢化が進み、さらに後継者不在の会社も増加していることが廃業の件数増加に繋がっているのです。

図表1-37 中小企業経営者の2025年における年齢

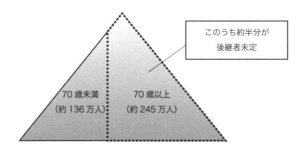

このうち約半分が
後継者未定

70歳未満
（約136万人）

70歳以上
（約245万人）

（中小企業庁「中小企業・小規模事業者におけるM&Aの現状と課題」）

　図表1-37のデータは2025年における中小企業経営者の年齢を70歳未満と70歳以上に分けたデータです。70歳以上の経営者（245万人）は70歳未満の経営者（136万人）の2倍ほどとなっています。そして、70歳以上の経営者の約半分が後継者未定と予想されています。後継者不在の中小企業がさらに増える見込みとなっています。

（4） 廃業のデメリット

　廃業は経営者が自主的に事業を止めることです。「経営者の都合で会社を廃業して何が悪い?」と思われる方もいらっしゃるかもしれませんが、廃業は様々な影響を及ぼします。

① ミクロ的な視点

　廃業は会社を清算することですので、廃業した会社に属する従業員は全員解雇されることになります。また、廃業した会社の取引先との取引も無くなるため、取引先にも迷惑がかかります。廃業は経営者の意思で行うことができますが、多方面に影響を及ぼすことになります。廃業することで会社が消滅するので、例えば税理士事務所がその会社と顧問契約を締結していた場合は当然に契約も消滅します。廃業件数の増加は税理士業界全体に多大な影響を及ぼすことになります。

② マクロ的な視点

　中小企業庁が試算したところ、2025年までに70歳（平均引退年齢）を超える中小企業・小規模事業者の経営者は約245万人となり、うち約半数の127万（日本企業全体の1/3）が後継者未定となっています。しかもその半数以上が黒字の会社であるとのことです。そして、この現状を放置すると、2025年までの累計で650万人の雇用、22兆円のGDPが失われる可能性があると試算[※]しています。

※2025年までに経営者が70歳を超える法人の31%、個人事業者の65%が廃業すると仮定した計算です。雇用者は2009年から2014年までの間に廃業した中小企業で雇用されていた従業員数の平均値（5.13人）、付加価値は2011年度における法人・個人事業主1者あたりの付加価値をそれぞれ使用しています（法人：6,065万円、個人：526万円）。

図表1-38　休廃業・解散企業の損益別構成比

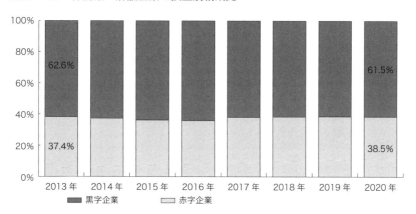

資料：（株）東京商工リサーチ「2020年「休廃業・解散企業」動向調査」
（注）損益は休廃業・解散する直前期の決算の当期純利益に基づいている。なお、ここでいう直前期の決算は休廃業・解散から最大2年の業績データを遡り、最新のものを採用している。

（中小企業白書2021・第2-3-6図）

　図表1-38のデータは廃業した会社の損益の状況を表したものです。どの年度を見ても、廃業した企業の6割超が黒字企業であることが分かります。事業が順調であっても経営者の判断で会社を廃業する会社が多いということです。

図表1-39　休廃業・解散企業の売上高当期純利益率

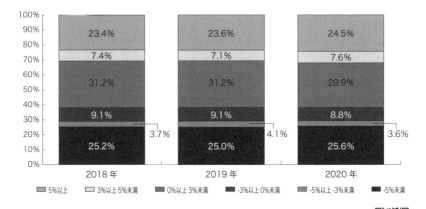

資料：(株) 東京商工リサーチ「2020年「休廃業・解散企業」動向調査」再編加工

（中小企業白書2021・第2-3-7図）

　また、廃業した企業の利益率を集計したデータ（**図表1-39**）を見ても、利益率が5%以上の企業が4分の1程度となっており、業績不振企業だけでなく、高利益率企業の廃業が一定数発生していることが分かります。

（5）　廃業とM&A

　上記で触れたように、廃業は様々なデメリットがあるにも関わらず今後も増加していくことが見込まれます。その要因は後継者不在の会社の増加です。

　後継者不在の会社が事業承継の選択肢として取りうるのは廃業かM&Aかしかありません。廃業の6割が黒字企業というデータが示す通り、廃業できる会社は一般的には「良い会社」です。廃業できるということは自力で債務の返済が可能であるということです。その「良い会社」が後継者不在という理由で毎年多くの会社が消滅しています。

　一方、廃業ではなくM&Aという選択をすることで会社は存続する

ことができます。会社が存続するということは従業員の雇用は守られ
ますし、取引先にも迷惑が掛かりません。

　上記にも書きましたが、その70歳以上の経営者245万人の半数にあ
たる127万人が後継者未定で、この127万人が後継者不在を理由に会
社を廃業すると、(5)に記載したようなデメリットが生じることになり
ます。

　こうした状況（廃業数の増加）を回避するため、事業承継のうち第
三者承継を進める手段として、近年、M&Aが注目されてきています。

　以前は中小企業の経営者にとってM&Aというのはイメージが悪
かったです（ハゲタカ、乗っ取り、敵対的買収、身売りなどといった
単語を連想する人が多いです）。しかし最近ではM&Aは必要である
と認識している中小企業の経営者が非常に増えています。

　ここで、帝国データバンクが集計したデータを紹介します。

図表1-40

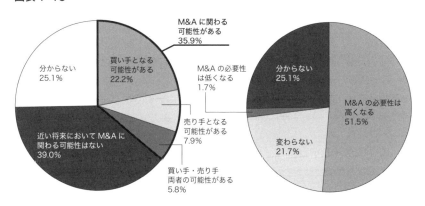

（帝国データバンク「M&Aに対する企業の意識調査」）

　図表1-40は中小企業の経営者を対象としたアンケート結果です。
左のグラフにおいて、「買い手となる可能性がある」「売り手となる可

能性がある」「買い手・売り手両者の可能性がある」と回答した人の合計は36%となっています。中小企業10社のうち3〜4社は何かしらの形でM&Aに関わる可能性があることを示しています。また、右のグラフを見ると「M&Aの必要性は高くなる」と回答した経営者が50%を超えています。今後、中小企業においてもM&Aがさらに活発になってくることが見込まれます。また、国としても廃業のマクロ的なデメリットを防ぐため経営者が引退する選択肢として廃業ではなくM&Aを選択することを積極的に推進しています。

(6)　むしろ廃業したほうが良いケース

　上記の通り、廃業はデメリットが多いので、廃業するのではなくM&Aを選択することが推奨されていますが、廃業を検討している全ての会社がM&Aを選択すべきか、というと必ずしもそうではありません。以下に該当する会社は、必ずしもM&Aを選択すべきとはいえない会社です。

---

① 　従業員を雇わず親族のみで経営している零細企業
　　（特筆すべき技術等がある会社は除く）
② 　かつては業績好調で純資産が積みあがっていたが、最近は赤字続
　　きで純資産が目減りし、今後も回復の見込みがない会社

---

　①については、M&Aを希望しても引受先が見つからない可能性の方が高いので、M&Aをお薦めしません。あえて厳しいことを書きますが、他社を買収したいと考える会社は何かしらのメリットを求めて買収を検討しますが、①のような会社を買収するメリットを感じる会社は非常に少ないです。

　②については、「赤字続きで経営が苦しいが、今、会社を廃業した

らある程度は手元に資産が残るので廃業を検討している。ただ、従業員のことを考えるとM&Aのほうが良いのではないか。」と相談をいただくことが多いです。経営者のことだけを考えると今すぐ廃業すべきなのは間違いありません。今後経営を続けていても資産が目減りしてしまうからです。一方で、従業員の雇用を考えると廃業できないという経営者の気持ちも良く分かります。譲渡対価は純資産以下の金額で良いから、従業員の雇用を守りたいので会社を他社に譲渡したいという経営者はいらっしゃいます。また、営業力が弱い会社が他社の傘下に入ることで販路が拡大して売上が急激に増加するようなこともM&Aでは起こりえます。それらを総合的に勘案してもなお、M&Aはやらないという結論になった場合は、廃業したほうが良いです。経営を続けていくことで債務超過に陥ってしまうと廃業したくてもできなくなりますし、従業員にとっても将来性のない会社に居続けるよりは一時的に職を失っても他社で働くほうが良いかもしれません。

　廃業するかM&Aをするかについて、経営者がお一人で悩んでも結論はでないと思います。廃業のメリットやデメリット、M&Aをすることのメリットやデメリットをよく知る専門家に相談してください。

事業承継の選択肢としてのM&A

（1） M&Aの件数の推移

図表1-41　M&A件数の推移

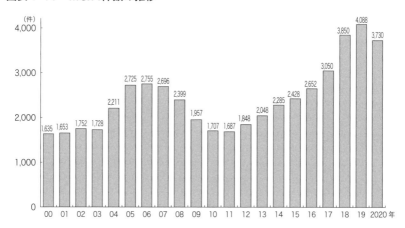

資料：（株）レコフデータ調べ

（中小企業白書2021・第2-3-51図）

　公表ベースのM&Aの件数は近年増加傾向で推移しています。2019年には4,000件を超え過去最高となっています。足元の2020年はコロナ禍の影響もあり前年に比べ減少しましたが、3,730件と高水準となっています。我が国におけるM&Aは更に活発化していくでしょう。

　なお、上記は公表されているM&Aの件数です。上場企業ではM&Aを行った際にプレスリリースを出して公表しますので、上記のデータの多くは上場会社が関与しているM&Aです。

　一方、中小企業のM&Aは殆どが未公表です。未公表のM&Aも相当数存在することを考えると、年間1万件以上はM&Aが行われていると推測されます。

図表1-42 事業引継ぎ支援センターの相談社数、成約件数の推移

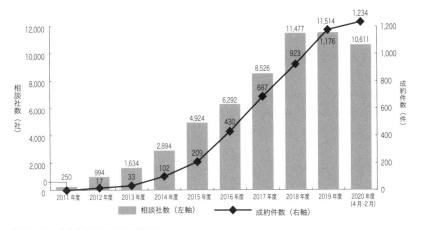

資料：（独）中小企業基盤整備機構調べ
（注）1. 事業引継ぎ支援センターは、2011年度に7か所設置され、2013年度：10か所（累計）、2014年度：16か所（累計）、2015年度：46か所（累計）、2016年度：47か所（累計）となり、2017年度に現在の48か所の体制となった。
2. 2020年度は2020年4月から2021年2月末までの中間集計値である。

（中小企業白書2021・第2-3-52図）

　図表1-42のデータは、中小企業のM&Aを支援する国の機関である事業引継ぎ支援センター（次章にて紹介）におけるM&Aの相談件数と成約件数を表したものです。事業引継ぎ支援センターが扱うのは主に事業承継目的のM&Aなので、事業承継引継ぎ支援センターが扱う件数が増加しているということは事業承継の選択肢としてのM&Aの件数が右肩上がりに増加していると推測できます。

　ではなぜM&Aの件数が増加しているのでしょうか。その要因をいくつか説明したいと思います。

（2）　M&Aに対するイメージアップ

　図表1-43のデータはM&Aのイメージの変化を表していますが、まず言えることは、M&Aの件数が増加した要因としてM&Aに対するイメージが良くなったことにあります。以前はM&Aといえば「乗っ

図表1-43　10年前と比較したM&Aに対するイメージの変化

(1) 買収すること

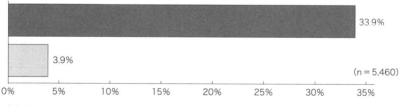

33.9%

3.9%

(n＝5,460)

(2) 売却（譲渡）すること

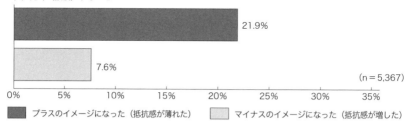

21.9%

7.6%

(n＝5,367)

■ プラスのイメージになった（抵抗感が薄れた）　　□ マイナスのイメージになった（抵抗感が増した）

資料：(株) 東京商工リサーチ「中小企業の財務・経営及び事業承継に関するアンケート」
(注) M&Aに対するイメージの変化について、「変わらない」と回答した者は表示していない。

（中小企業白書2021・第2-3-53図）

取り」や「敵対的買収」、「ハゲタカ」などでイメージが悪かったのですが、今は中小企業においても後継者不在による廃業に代わる選択肢として注目されるようになりました。

　なお、今でも新聞等に「敵対的買収」の記事を見ることがありますが、敵対的買収や乗っ取りというのは基本的には上場会社で起こる話で、中小企業においてはそのリスクは低いです。なぜなら中小企業の殆どが「株式譲渡制限」を定款に定めているからです。株式譲渡制限がある会社とは、「当社の株式を取得するには取締役会（株主総会）の承認が必要」と定款に定めている会社で、会社の承認なしに株式を売買することができません。会社の知らないところで株式が売買されることもないですし、仮に株主になってもらいたくない人から株式買収の話が来ても、断れば良いだけです。したがって、中小企業においては敵対的なM&Aは基本的には起こらないのです。

(3) M&A支援機関の増加

図表1-44　M&A業務を営む会社の推移

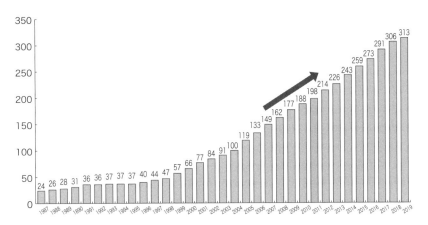

※レコフ調べ（2019年12月31日現在・設立年判明分）

　M&Aの支援機関の数は年々増加していて、支援機関は法人だけでも300以上存在します。また、その他にも個人でもM&A業務を行っている人もいるので、支援機関の数は相当多いことが分かります。

　M&Aの支援機関の数が少なかった頃は、会社の譲渡や買収を検討している経営者がいても、誰に相談して良いか分からずに結局M&Aのニーズが埋もれてしまうというケースが多々ありました。しかし今では多くの支援機関がM&A業に参入しています。その支援機関から毎日のようにDM（ダイレクトメール）やら電話やらが届いていると、多くの経営者から聞きます。支援機関からのDMや電話がとても煩わしいと感じる方もいらっしゃると思いますが、裏を返せばM&Aのニーズが埋もれないような状況になってきているとも言えます。

　M&Aで譲渡または買収を検討する会社は、その数多くの支援機関の中から信頼のおけそうな機関に事業承継についての相談をすることになります。

　なお、譲渡を検討する会社と買収を検討する会社では支援機関との付き合い方が異なります。譲渡を検討する会社は基本的には支援機関1社に対して自社の譲渡の依頼をします（いわゆる専任契約※）。一方、買収を検討する会社は複数の支援機関に買収のターゲット（業種、エリア、投資金額等）を伝えます。なぜ買収を検討する会社が複数の支援機関と付き合うかというと、譲渡を検討する会社は基本的には支援機関1社と専任契約をするので、譲渡を検討する会社の情報は各支援機関で共有していません。したがって、買収を検討する会社からすると色々な支援機関と接点を持っておかないと情報が限られることになるのです。

※専任契約の是非については第3章にて説明します。

図表1-45

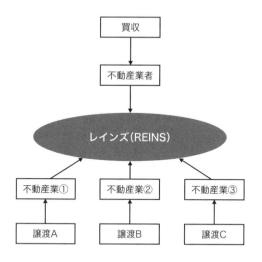

　例えば、不動産売買では、レインズ（REINS）というネットワークが整備されています。レインズとは、国土交通大臣から指定を受けた不動産流通機構が運営しているコンピューターネットワークシステムで、不動産業者しか利用できません。不動産の譲渡を検討するA

さんから譲渡の相談を受けた不動産業①は、その情報をレインズに登録します。一方、不動産の買収を検討する人は、1つの不動産業者に物件の相談をするとその不動産業者はレインズに登録されている物件情報を検索することで、A案件だけでなくB案件、C案件の情報も入手することができます。したがって、不動産の買収を検討する方は基本的には不動産業者1社に依頼すれば事が足ります。

図表1-46

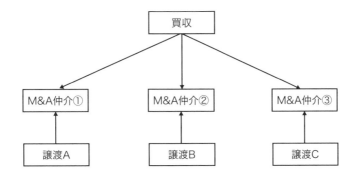

一方、M&A業界にはレインズのようなネットワークはありません。会社を譲渡したい経営者は支援機関1社と専任契約を締結するので、例えば上記の例だと譲渡Aの情報はM&A仲介業者①しか持っていないということです。買収を検討する会社が様々な譲渡案件情報を入手したい場合は、複数の支援機関と接点を持つ必要があります。

図表1-47のデータは買収企業、譲渡企業が相手を探すのにどの支援機関に相談するかを表したものです。買収企業と譲渡企業のどちらも、金融機関やM&A仲介会社に依頼するケースが多いことが分かります。

図表1-47 M&A実施意向別、相手先企業の探し方

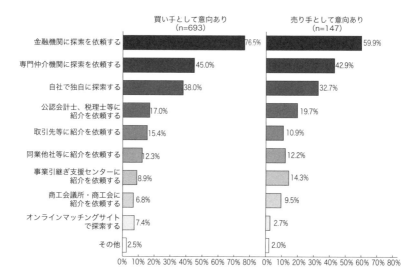

資料：（株）東京商工リサーチ「中小企業の財務・経営及び事業承継に関するアンケート」
（注）1. M&A実施意向について、「買い手として意向あり」、「売り手として意向あり」と回答した者を集計している。
　　　2. 複数回答のため、合計は必ずしも100％にならない。

（中小企業白書2021・第2-3-61図）

図表1-48 M&A支援機関別、売り手側相談者の業績傾向

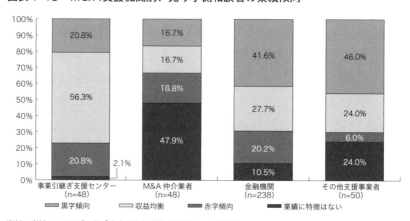

資料：（株）レコフデータ「中小M&Aに関するアンケート調査」
（注）「その他支援事業者」は、「フィナンシャル・アドバイザー」、「M&Aプラットフォーマー」、「公認会計士」、「税理士」、「その他」を集計している。

（中小企業白書2021・第2-3-88図）

　図表1-48のデータは支援機関ごとに相談に来た譲渡企業の業績の
状況をまとめたものです。民間企業であるM&A仲介業者に相談する
のは黒字傾向の会社が多く、国の機関である事業引継ぎ支援センター
に相談するのは赤字傾向の会社が多いことが分かります。譲渡企業は
自らの業績に応じて相談する支援機関を使い分けているということで
しょう。

（4）　従業員の雇用を守る

図表1-49　売り手としてのM&Aを検討したきっかけや目的

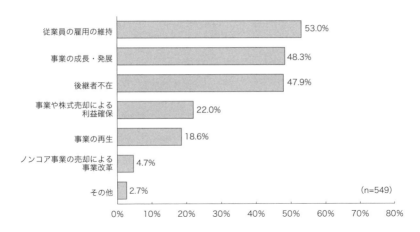

資料：（株）東京商工リサーチ「中小企業の財務・経営及び事業承継に関するアンケート」
（注）1. M&Aの実施意向について「売り手として意向あり」、「買い手・売り手ともに意向あり」
　　　　と回答した者に対する質問。
　　　2.複数回答のため、合計は必ずしも100%にならない。

（中小企業白書2021・第2-3-77図）

　図表1-49のデータは会社を譲渡する側（以下、「譲渡企業」）が
M&Aを検討したきっかけを表したものです。このデータを見ると「従
業員の雇用維持」が53.0%となっており、譲渡企業は会社を譲り受け
る側（以下、「買収企業」）にM&A後も従業員の雇用を確保してほし
いと期待していることが分かります。

　私は実際に、多くの譲渡企業の経営者と話をしてきましたが、殆どの経営者から従業員の雇用を守ってほしいとお願いされています。

　つい最近、会社の譲渡について相談いただいた経営者がおっしゃっていたことが印象に残っています。まだ50代前半のその経営者は、M&Aを検討し始めたきっかけはまさに従業員の雇用だとおっしゃっていました。従業員がこの会社で働いて生活するのに困らないのはもちろん、働くことに対して夢が持てるような会社にしたいと考えたら、急に経営者自らが経営していくことに不安を覚えたとのことです。従業員が夢を持てるような会社にするには、経営者ご自身の力では限界があるので、規模の大きな会社に経営を委ねたいということで、支援機関に相談することに決めたとおっしゃっていました。

　中小企業のM&Aにおいて、従業員の雇用確保は買収企業にとっても必要なことです。まとまった人材を確保したいという理由で買収する会社もあります。せっかく買収しても従業員に辞められてしまうと売上が確保できません。

　中小企業のM&Aにおいては従業員がM&A後に辞めないように従業員の処遇は変えないのが原則です。M&Aを機に従業員を大量に解雇することはないので、譲渡会社はその点については安心していただければと思います。

7 国や民間のM&A支援

後継者不在による廃業が増加し、国としても事業承継（M&Aも含む）をさらに積極的に推進していく必要があります。そこで、国や民間機関が事業承継を推進する施策等について触れたいと思います。

（1）事業承継・引継ぎ支援センターの活用

「事業承継・引継ぎ支援センター」は、国が設置する公的相談窓口です。親族内への承継も、第三者への引継ぎも、中小企業の事業承継に関するあらゆるご相談に対応します。経済産業省傘下の独立行政法人中小企業基盤整備機構が運営しています。

① 事業承継・引継ぎ支援センターについて

以前は事業引継ぎ支援事業を行う「事業引継ぎ支援センター」（主にM&A事業）と、プッシュ型事業承継高度化事業を行う「事業承継ネットワーク」（主に親族承継事業）の2つの機関に分かれていましたが、2021年4月に2つの機関が統合し、「事業承継・引継ぎ支援センター」として活動開始しました。以前は、M&Aを検討している経営者は事業引継ぎ支援センター、親族承継を検討している経営者は事業承継ネットワークに相談していましたが、親族承継をするかM&Aをするかどちらにするか悩んでいる経営者も大勢います。そのような経営者はどちらの機関に相談して良いか悩んでいたと思います。しかし今回の統合により窓口が一本化されたことで、親族承継を検討する経営者も、M&Aを検討する経営者も、親族承継かM&Aかを悩んでいる経営者も全て事業承継・引継ぎ支援センターに相談することで対応してもらえるようになったのです。

親族承継するかM&Aをするか悩んでいる経営者が、例えばM&A

の知識経験が浅い顧問税理士に事業承継について相談した場合、その顧問税理士はおそらく親族承継（もしくは廃業）についてのアドバイスをしますが、M&Aという選択肢があることは説明しないはずです。

　一方、この経営者が例えばM&A仲介会社に事業承継について相談した場合は、ほぼ間違いなくM&A仲介会社はその経営者にM&Aをするようにアドバイスするはずです。それが良い悪いということではなく、相談を受けた人は自らの専門分野に基づいたアドバイスをするということです。

　この点、国が設置する公的相談窓口である事業承継・引継ぎ支援センターは、経営者が親族承継かM&Aかで悩んでいる場合は、親族承継とM&Aのどちらが適切かを公平な目でアドバイスしてくれます。

②　事業承継・引継ぎ支援センターの行う事業について

　事業承継・引継ぎ支援センターの行う事業について、2021年4月の統合時にWEBサイト上に以下のように紹介されていました。

【ニーズの掘り起し】
①　承継コーディネーターを責任者とし、経営者に身近な支援機関等による支援のためのネットワークを構築します。
②　ネットワークの構成機関にてプッシュ型の事業承継診断を実施し、経営者の課題や事業承継支援ニーズを掘り起こします。
③　エリア毎にエリアコーディネーターを配置し、エリア内の構成機関が実施するプッシュ型事業承継診断をサポートするとともに、構成機関が掘り起こした支援ニーズ先の課題を整理し、承継コーディネーターを経由して課題に応じた支援担当につなげます。

【事業承継支援】
①　後継者不在先は第三者承継支援担当者が登録機関等（民間M&A仲介業者等）を活用してマッチングの支援を行います。
②　親族内への事業承継希望先は親族内支援担当が外部専門家を活用した個人支援（事業承継計画作成支援）を行います。

> ③ 事業承継時の経営者保証に課題がある場合は、経営者保証業務担
>   当が、外部専門家を活用した支援を行います。

　事業承継・引継ぎ支援センターは、上記の他に創業者を目指す起業家と後継者不在の会社や個人事業主を引き合わせや創業と事業引継ぎを支援する「後継者人材バンク」という支援事業も行っています。

図表1-50

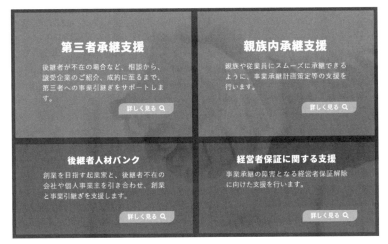

（事業承継・引継ぎ支援センター WEBサイトより）

③ 事業承継・引継ぎ支援センターによるM&A支援

　すでに紹介したデータですが、**図表1-51**は事業承継・引継ぎ支援センターによる（M&A）の相談件数、成約件数のデータです。

図表 1-51　事業引継ぎ支援センターの相談社数、成約件数の推移

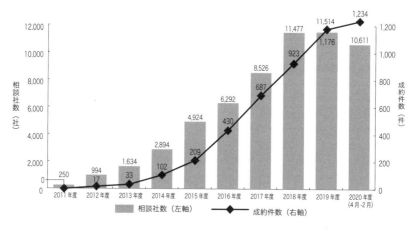

資料：（独）中小企業基盤整備機構調べ
(注)1. 事業引継ぎ支援センターは、2011年度に7か所設置され、2013年度：10か所（累計）、2014年度：16か所（累計）、2015年度：46か所（累計）、2016年度：47か所（累計）となり、2017年度に現在の48か所の体制となった。
　　2. 2020年度は2020年4月から2021年2月末までの中間集計値である。

（中小企業白書2021・第2-3-52図）

　2021年4月以前のデータですので統合前の事業引継ぎ支援センターの相談件数、成約件数ですが、右肩上がりで増加していることが分かります。ちなみに、事業引継ぎ支援センターはM&Aの相談を受けたら自らでマッチングするのではなく、事業承継支援センターに登録しているM&A支援機関への取次を行います。

　図表1-52のデータは他のM&A支援機関と比べた事業引継ぎ支援センターの特徴です。やはり相談しやすさや金額の安さが上位に来ています。民間の支援機関との大きな違いと言えるでしょう。

図表1-52 他のM&A支援機関と比べた事業引継ぎ支援センターの特徴

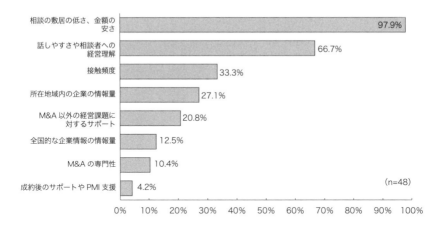

項目	割合
相談の敷居の低さ、金額の安さ	97.9%
話しやすさや相談者への経営理解	66.7%
接触頻度	33.3%
所在地域内の企業の情報量	27.1%
M&A以外の経営課題に対するサポート	20.8%
全国的な企業情報の情報量	12.5%
M&Aの専門性	10.4%
成約後のサポートやPMI支援	4.2%

(n=48)

資料：（株）レコフデータ「中小M&Aに関するアンケート調査」
(注) 1.事業引継ぎ支援センター向けアンケートを集計したもの。
 2.複数回答のため、合計は必ずしも100%にならない。
 3. 回答数のなかった「成約までのスピード感」、「売り手企業のネットワークの広さ」、「その他」は表示していない。

（中小企業白書2021・第2-3-90図）

（2） 商工会議所の活用

　商工会議所、商工会、中小企業団体中央会、商店街振興組合連合会等といった商工団体は、地域に根ざして地域における商工業の振興に向けた取組を行う組織です。地域の社会的・文化的な側面においても大きな役割を果たしています。地域の中小企業における身近な相談窓口であり、かつ、中小企業に向けられた公的な支援制度の詳細を最も熟知した支援機関の1つです。商工団体の経営指導員等の職員は、中小企業の経営者から法務や税務といった技術的な事項というよりは、経営に関する一般的な相談を受けることが多いです。その過程において、事業承継についてのニーズを含む当該中小企業の事業の状況や当該中小企業の地域における位置付け等を認識できる立場にいます。

　主な支援内容は2つあります。

① 気付きの機会の提供

商工団体は、会員向けの研修や、日々の巡回による経営指導等を通じて、中小企業との接点を絶やさずに持ち続けることにより、当該中小企業の課題を認識する必要があります。特に、60歳を超える経営者に対しては、今後の事業計画の策定や事業承継に係るニーズ調査等を通じて、事業承継について検討する「気付きの機会」を積極的に提供することが期待されています。

② 適切な支援機関への橋渡し

気付きの機会の提供に伴い、後継者不在に起因する事業の譲り渡しニーズ が顕在化した場合には、具体的な中小M&Aの手続を検討することになるため、適切な支援機関への橋渡しを行うことが望ましいです。事業引継ぎ支援センターをはじめ、中小M&A支援に精通している士業等専門家や、M&A専門業者とのネットワークを構築することが期待されています。

（中小M&Aガイドラインより抜粋）

全国各地にある商工会議所では、以前から事業承継に関するセミナーを開催しています。また、エリアによっては事業承継に積極的に関与している商工会議所もあります。私が以前講演させていただいた長野県の上田商工会議所は、近隣の小諸商工会議所・佐久商工会議所と共に「東信ビジネスリレーセンター」を設置し、広域でのビジネスマッチングや相談受付をしています。

近隣の商工会議所で事業承継の窓口がありましたら是非活用いただければと思います。

図表1-53

> **東信ビジネスリレーセンター**

中小企業・小規模事業者の経営者のうち、65歳以上の経営者は全体の約4割を占め、今後数年で、多くの中小企業が事業承継のタイミングを迎えることとなります。

これら中小企業・小規模事業者は、雇用の創出や新しい技術の開発など、地域経済のけん引役として、我が国の経済・社会において重要な役割を果たしています。

取引先とのつながり、経営に関する様々なノウハウ、従業員など経営資源を守りながら、中小企業・小規模事業者が社会基盤の担い手として活躍していくためには、将来を見据えた計画的な事業承継が欠かせません。中小企業・小規模事業者が今後も事業を継続・発展させていくために、次世代へスムーズに「事業承継」を勧めることが求められているのです。

小諸・上田・佐久の各商工会議所内に、「東信ビジネスリレーセンター」を創設し、広域でのビジネスマッチングやご相談受付にも対応できるようにいたしました。

(東信ビジネスリレーセンター)

(3) 事業承継・引継ぎ補助金の活用

　事業承継、特に最近はM&Aに関する補助金を活用することができるようになっています。令和2年度に続き令和3年度においても予算が組まれています。

　なお、令和3年度当初予算より、補助金を活用するためには事前に登録されたM&A支援機関を活用することが求められています。M&A支援機関登録制度の趣旨は以下の通りです。

> 　中小M&A推進計画では中小企業におけるM&A支援機関に対する信頼感醸成の必要性が課題の一つとして掲げられ、対応への方向性として、①事業承継・引継ぎ補助金（専門家活用型）において、M&A支援機関の登録制度を創設し、M&A支援機関の活用に係る費用の補助については、予め登録された機関の提供する支援に係るもののみを補助対象とすること、②登録したM&A支援機関による支援を巡る問題等を抱える中小企業等からの情報提供を受け付ける窓口も創設すること、に取り組むこととしたところです。

> M&A支援機関に係る登録制度の実施を通じて、M&Aの基本的な事項及び手数料の目安や適切なM&Aのための行動指針を提示した「中小M&Aガイドライン」の理解及び普及を促し、中小企業が、培ってきた貴重な経営資源を将来につないでいこうとする際、より一層円滑にかつ安心してM&Aを手段の一つとして選択できる環境の実現を目指します。

(M&A支援機関登録制度公募要領より抜粋)

　なお、M&A支援機関に登録している業者でないとM&Aに関する事業が行えないということではありません。あくまで国の補助金制度を活用するためには国に登録された支援機関を活用することが求められている、ということです。M&A支援機関登録制度については、後ほど改めて説明します。

(4) 経営承継円滑化法の活用

　経営承継円滑化法では以下の支援を行っています。

⑴　税制支援（贈与税・相続税の納税猶予及び免除制度）の前提となる認定
⑵　金融支援（中小企業信用保険法の特例、日本政策金融公庫法等の特例）の前提となる認定
⑶　遺留分に関する民法の特例
⑷　所在不明株主に関する会社法の特例の前提となる認定

　上記のうち、税制支援については親族承継の章で事業承継税制について少し触れました。経営承継円滑化法の認定を受けることで事業承継税制の適用で贈与税及び相続税の納税が猶予されます。
　ここでは、所在不明株主に関して触れたいと思います。

◆所在不明株主に関する会社法の特例

「一般的に、株主名簿に記載はあるものの会社からの連絡が取れなくなり、所在が不明になってしまっている株主を「所在不明株主」といいます。会社法上、株式会社は、所在不明株主に対して行う通知等が5年以上継続して到達せず、当該所在不明株主が継続して5年間剰余金の配当を受領しない場合、その保有株式の競売又は売却（自社による買取りを含みます。）の手続が可能です。他方で、「5年」という期間の長さが、事業承継の際の手続利用のハードルになっているという面もありました。

そこで、この点を踏まえ、非上場の中小企業者のうち、事業承継ニーズの高い株式会社に限り、都道府県知事の認定を受けることと一定の手続保障を前提に、この「5年」を「1年」に短縮する特例（会社法特例）を創設することとなりました。」

（中小企業庁：会社法特例パンフレットより）

図表1-54　所在不明株主の取扱い

【問題の所在】
- 中小企業においては、株主数が比較的少数で**個々の株主の保有する議決権割合が多い傾向**にある。そのため、株主名簿に記載はあるが連絡の取れない株主（**所在不明株主**）が存在する場合には、この存在が円滑な事業承継（**特にM&Aの場合**）の妨げとなるケースもある。
- 仮に所在不明株主の議決権割合が多くない場合でも、中小企業のM&Aでは**全株式について株式譲渡を行うことが多い**ことから、そのような**M&Aの障害**となるケースがある。
- 所在不明株主が発生する理由は個別の事案によって異なるが、**相続が主な理由の一つ**。つまり、旧株主からの相続により株主となった者は、その会社の経営への関心が薄いことがあり、所在不明株主となることがある。当該旧株主が**名義株主であるケース**も見受けられる。

【問題の影響度合い】
- ✓ M&Aの実施に**影響があったことがある支援機関は32%**。これが原因で**M&Aを断念したことがある支援機関も6%**存在する。
- ✓ 所在不明株主の**議決権割合（最大）は10%以上も30%**を占める。

支援機関における経験

本課題でM&Aの実施に苦労したこと等はあるか （n=241）

- 26%
- 68%
- 断念したことがある
- 苦労したことがある
- そのような経験はない

支援案件での所在不明株主の議決権割合（最大） （n=76）

- 1%
- 7%
- 22%
- 70%
- 10%未満
- 10%〜33%
- 33%〜50%
- 50%以上

（注）「関連する業務を行っていない」との回答を除いて集計。
【資料】レコフデータ調べ（2021年1月調査速報）

（中小企業経営承継円滑化法申請マニュアル）

　少し話は反れますが、株主が1名で100%所有しているにも関わらず、その株式の変遷が不明であるため結果的にM&Aが進まないことがあります。

　私が携わったM&A案件ではこのようなことがありました。譲渡企業の経営者は二代目で、創業者から株式の大半を相続したのですが、創業者が株式の一部を知り合いや従業員等に分散していたので、本件の依頼者が全て買い集めて100%所有することになりました。しかし、それもかなり前の話で、株式を買収した際の契約書が見当たらなかったり、そもそも契約を交わしていなくてその前株主もすでに亡くなっていたりで、本件の依頼者が株式を100%所有していることを証明できる証憑が揃えられませんでした。

　一般的に、M&Aで締結する株式譲渡契約書には株式に関する表明保証の条文が明記されています（「売主は本件株式の全部についての完全な権利者であり、対象会社の株主名簿に記載されている株主である」）。この表明保証により他の株主がいないことを担保できると考える人もいれば、表明保証があったとしても株式を100%所有している証憑を揃えない限り株式譲渡契約書を締結したくないと考える人もいます。上記の例の買収会社は後者でして、この買収会社の提示した条件は非常に良かったのですが、証憑が揃わなかったために契約を締結することができませんでした（結局、金額条件は下がりましたが別の買手と契約を締結しました）。

　株主の変遷を明確にしておかないと事業承継がスムーズに進まないという話です。特に買収会社が上場会社の場合は注意が必要です。M&Aをスムーズに進めるには、株主の所在は明確にし、株式の変遷も明確にすることが重要です。

8 労働生産性とM&A

(1) 日本の労働生産性について

「日本の労働生産性は主要先進7か国で最下位」という話を聞いたことがある方も多いでしょう。下図（2018年版）を見ていただくと、日本は先進37か国で構成されるOECD加盟国で中位ですが、主要先進7か国（日本、アメリカ、イギリス、ドイツ、フランス、イタリア、カナダ）の中では最下位となっています（データ取得可能な1970年以降、日本は常に最下位です）。また、労働生産性の上昇率に至ってはマイナス成長となっています。

図表1-55　OECD加盟国の労働生産性

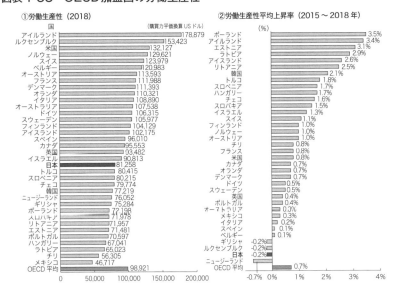

資料：日本生産性本部「労働生産性の国際比較2019」
(注) 1. 全体の労働生産性は、GDP/就業者数として計算し、購買力平価（PPP）によりUSドル換算している。
　　 2. 計測に必要な各種データにはOECDの統計データを中心に各国統計局等のデータが補完的に用いられている。

（中小企業白書2020・第1-2-3図）

　上記の労働生産性は「国民1人あたりGDP」を労働生産性として国際比較していますが、企業レベルで考えると、労働生産性は「従業員1人あたりが生み出す付加価値（利益）」と考えて良いでしょう。要は、日本は国際的に見て1人あたりが生み出す付加価値があまり高くないということです。

　以前、中小企業向けの研修会の講師として、上記の表を用いて日本は労働生産性が低いことについて話をしたところ、ある経営者から「日本の労働生産性が低いというのは分かったけど、例えば私（経営者）や私の会社に何か問題があるのですか？従業員が生活できる給与を支払っているのだから問題無いと思っていますが、先生はどう思いますか？」という質問を受けました。

　私は「労働生産性が高いと同じ時間働いても多くの付加価値を生み出します。例えばよく聞くのがドイツの労働者は日本の労働者より圧倒的に労働時間が短いのですが、それは日本よりもドイツのほうが労働生産性が高いことに関連していると思います。」と回答しました。それに対しその経営者は「でも先生、「日本の良さ」というのもあるから一概に良い悪いは判断できないのでは？」と再度質問されました。これ以上議論すると変な雰囲気になってしまうと思い、言葉を濁してやり取りを終えてしまいましたが、その経営者の言う「日本の良さ」というのは、「長時間働くことが当たり前」なことを指していたのかもしれません。しかし今はそのような考えは古いとされています。

（2）　中小企業の雇用状況

　中小企業の雇用状況について見てみましょう。

　『第1-1-56図（**図表1-56**）は、従業者規模別に雇用者数の前年同月差の推移を見たものである。これを見ると、2020年4月以降に、従業者規模が「1〜29人」、「30〜99人」の企業において、雇用者数が前

図表1-56　従業者規模別雇用者数の前年同月差の推移

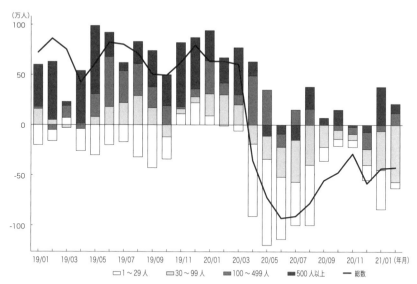

資料：総務省「労働力調査」
（注）総数には「官公」を含むため、それぞれの従業者規模の値を合計しても、総数の値とは一致しない。

（中小企業白書2021・第1-1-56図）

年より大きく減少している状況が見て取れる。』（中小企業白書2021）

　規模が小さい会社では雇用も大きく減少していることが分かります。次に、企業の人材確保の状況について見てみましょう。

　『第1-1-59図（**図表1-57**）及び第1-1-60図（**図表1-58**）は、従業者規模別に見た大卒予定者の求人数及び就職希望者数の推移である。まず、従業者数300人以上の企業では、就職希望者数が減少したものの、求人数も減少したため、2021年卒においても求人倍率は1倍を下回る状態が続いた。従業者数299人以下の企業では、求人数が減少した一方で、就職希望者数が大幅に増加したことによって、求人倍率は2020年卒の8.6倍から2021年卒の3.4倍に大きく低下した。依然として、求人数が就職希望者数を上回る状態は続いているものの、人手不足の課題を抱える中小企業にとっては、大卒の人材を確保しやすい状況に移りつつあると考えられる。』（中小企業白書2021）

図表1-57 従業者数300人以上の企業における大卒予定者求人数・就職希望者数の推移

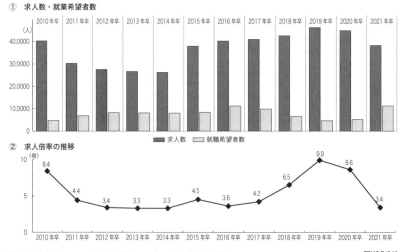

① 求人数・就業希望者数

② 求人倍率の推移

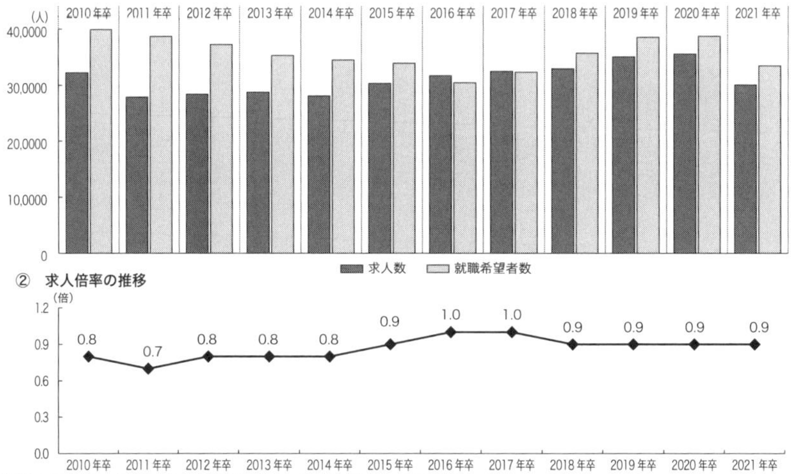

資料：リクルートワークス研究所「ワークス大卒求人倍率調査」

図表1-58 従業者数299人以下の企業における大卒予定者求人数・就職希望者数の推移

① 求人数・就業希望者数

② 求人倍率の推移

資料：リクルートワークス研究所「ワークス大卒求人倍率調査」
（注）求人倍率＝求人数/就職希望者数

（中小企業白書2021・第1-1-59図・第1-1-60図）

　中小企業白書では、「人手不足の課題を抱える中小企業にとっては、大卒の人材を確保しやすい状況に移りつつあると考えられる」と説明していますが、従業員数299人以下の企業では上記グラフを見る限り求人数と就職希望者数のバランスが全然取れていないことが分かります。依然として中小企業の人材不足は続くように思います。最後に、人員の過不足状況を見てみましょう。

　『人員の過不足状況を従業員規模別に見たものが第1-1-63図（**図表1-59**）である。これを見ると、従業員規模が大きい企業ほど、人員が「不足」している企業の割合及び「過剰」となっている企業の割合が共に高くなる傾向があり、人員を適正な水準に維持することが難しい状況が見て取れる。』（中小企業白書2021）

図表1-59　従業員規模別に見た、人員の過不足状況

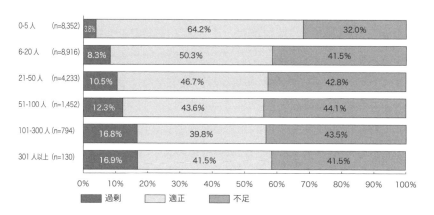

資料：（株）帝国データバンク「取引条件改善状況調査」
（注）受注側事業者向けアンケートを集計したもの。

（中小企業白書2021・第1-1-63図）

　どの規模の会社においても人材不足と回答している企業が4割ほどいることが分かります。

　上記より分かることは、多くの中小企業において人材不足であるが今後大幅に人材を確保するのも難しい状況であるということです。し

たがって、中小企業においては限られた人材で売上をあげることが求められています。しかし1人あたりの売上を増やすために長時間勤務することも厳しくなってきています。最近では、労働生産性向上と共に「働き方改革」も求められています。

(3)　働き方改革と労働生産性

　少し前から日本で「働き方改革」が求められています。厚生労働省が推進している「働き方改革関連法」を解説している「働き方改革関連法のあらまし」（改正労働基準法編）において、働き方改革の目指すものとして以下のように記載されています。

◆「働き方改革関連法のあらまし」（改正労働基準法編）
　『「働き方改革」は、働く方々が、個々の事情に応じた多様で柔軟な働き方を、自分で選択」できるようにするための改革です。日本が直面する「少子高齢化に伴う生産年齢人口の減少①」、「働く方々のニーズの多様化②」などの課題に対応するためには、投資やイノベーションによる生産性向上とともに、就業機会の拡大や意欲・能力を存分に発揮できる環境をつくることが必要です。働く方の置かれた個々の事情に応じ、多様な働き方を選択できる社会を実現することで、成長と分配の好循環を構築し、働く人一人ひとりがより良い将来の展望を持てるようにすることを目指します。』

　①、②のように、今後日本の労働人口の減少と労働時間の減少がどちらも進んでいくことを考えると、今まで以上の成果を出すためには効率的・効果的な労働活動が必要になることは明白です。これはつまり労働生産性を向上させる必要があるということです。

　なお、中小企業白書2021において、各企業の働き方改革への取り組み姿勢についてまとめたデータがありますので紹介します。

図表1-60　働き方改革（全般）への対応状況

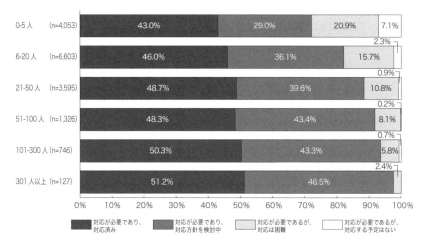

資料：（株）帝国データバンク「取引条件改善状況調査」
（注）1. 受注側事業者向けアンケートを集計したもの。
　　　2. 働き方改革関連法に対する理解度の質問で、「年次有給休暇の確実な取得」、「時間外労働の上限規制」、「同一労働・同一賃金の実施」のいずれか１つでも「十分に理解している」、「概ね理解している」と回答した企業に対して聞いたもの。
　　　3. 対応状況に関する質問で、「対応の必要はない」、「対応の要否が分からない」と回答した企業を除いて集計している。

（中小企業白書2021「コラム1-1-2　働き方改革への対応状況」・コラム1-1-2②図）

　どの規模においても40〜50％の企業は「対応済み」と回答していますが、一方で規模の小さい企業の方が「対応は困難」または「対応する予定はない」と回答した割合が高いことが分かります。
　「対応は困難」または「対応する予定はない」と回答した理由についてまとめたデータは以下の通りです。

図表1-61　働き方改革への対応が困難又は対応しない理由

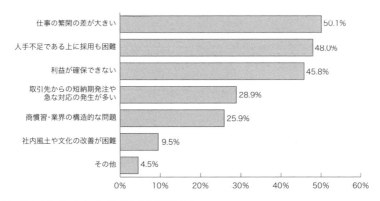

資料：（株）帝国データバンク「取引条件改善状況調査」
(注) 1. 受注側事業者向けアンケートを集計したもの。
　　 2. 複数回答のため、合計は必ずしも100%にならない。
　　 3. 働き方改革全般への対応状況に関する質問で、「対応が必要であるが、対応は困難」、「対
　　　　応は必要であるが、対応する予定はない」と回答した企業に対して聞いたもの。

（中小企業白書2021「コラム1-1-2　働き方改革への対応状況」・コラム1-1-2④図）

　また、有給休暇の確実な取得や時間外労働の上限、同一労働・同一
賃金といった働き方改革関連法案の内容について各企業がどれだけ理
解しているかを表したデータが**図表1-62**となります。

図表1-62　従業員規模別に見た、働き方改革関連法における内容別の理解度

年次有給休暇の確実な取得

	十分に理解している	概ね理解している	あまり理解していない	全く理解していない
0-5人　(n=8,128)	31.6%	48.4%	17.7%	
6-20人　(n=8,816)	49.8%	44.8%		
21-50人　(n=4,216)	63.5%	34.7%		
51-100人　(n=1,448)	70.2%	29.0%		
101-300人(n=794)	76.6%	22.2%		
301人以上(n=129)	82.9%	16.3%		

■ 十分に理解している　■ 概ね理解している　□ あまり理解していない　□ 全く理解していない

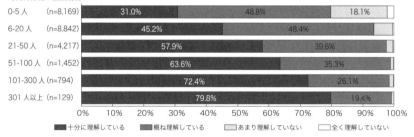

時間外労働の上限規制

（凡例）■十分に理解している　■概ね理解している　□あまり理解していない　□全く理解していない

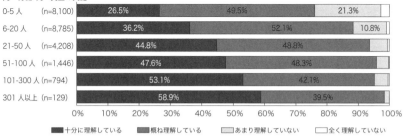

同一労働・同一賃金の実施

（凡例）■十分に理解している　■概ね理解している　□あまり理解していない　□全く理解していない

資料：（株）帝国データバンク「取引条件改善状況調査」
（注）受注側事業者向けアンケートを集計したもの。

（中小企業白書2021「コラム1-1-2　働き方改革への対応状況」・コラム1-1-2①図）

　このデータにおいても、規模が小さな企業のほうが働き方改革に対する理解度が低いことが分かります。

　上記を鑑みると、規模の小さい企業では働き方改革に対応するのは難しいであろうことが分かります。今後、働き方改革をさらに推進していくためには、中小企業各社が改革に対応できるような規模に成長していくことが求められます。

（4）　企業の規模と労働生産性

図表1-63　企業規模別の労働生産性の水準比較

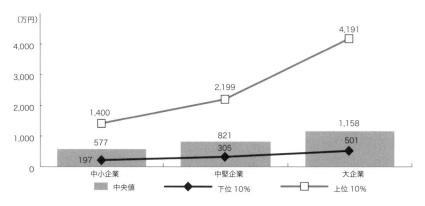

資料：財務省「令和元年度法人企業統計調査年報」再編加工
（注）非一次産業を集計対象としている。

（中小企業白書2021・第1-2-12図）

　　図表1-63は中小企業、中堅企業、大企業[※]における労働生産性を表したグラフです。中小企業より中堅企業、中堅企業より大企業の方が企業の労働生産性が高くなっていることが分かります。しかし、誤解いただきたくないのですが、必ずしも中小企業の方が大企業よりも労働生産性が低いとは限らないということです。上記のグラフで中小企業の上位10％の企業の労働生産性の数値が「1,400」となっていて、一方で大企業の中央値の労働生産性の数値は「1,158」となっています。つまり中小企業においても大企業より労働生産性が高い企業は存在するということです。ただ、一般的には企業の規模が大きいと労働生産性も高いということで良いでしょう。

※中小企業白書においては、資本金10億円以上の企業を「大企業」、資本金1億円以上10億円未満の企業を「中堅企業」、資本金1億円未満の企業を「中小企業」としています。

図表1-64 企業規模別・業種別の労働生産性

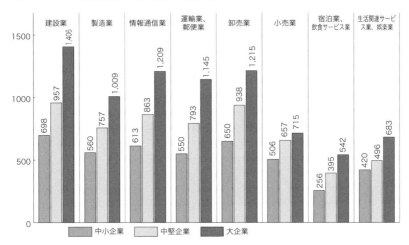

資料：財務省「令和元年度法人企業統計調査年報」再編加工
(注) 数値は中央値。

（中小企業白書2021・第1-2-13図）

　図表1-64のグラフは各規模の企業の労働生産性を業種別に表した
グラフです。どの業種でも規模が大きいと労働生産性も高いことが分
かります。先述の通り、日本で少子化や働き方改革がさらに加速する
にあたり労働生産性の向上が必須となりますが、労働生産性を高める
には企業の規模を大きくすることが求められてきます。

　労働生産性を高めるために企業の規模が求められる理由の一つに資
金力が挙げられます。ここで2つのデータを紹介します。

　図表1-65は今後3年間で投資したい分野についての質問ですが、
多かった回答としては設備への投資、研究開発への投資、従業員の賃
金上昇等が多いことが分かります。

図表1-65　今後3年間で最も資金を投じたい分野

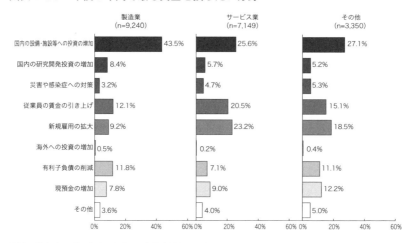

資料：（株）帝国データバンク「取引条件改善状況調査」
（注）受注側事業者向けアンケートを集計したもの。

（中小企業白書2021・第1-1-31図）

　一方で、その投資を行うための資金をどの程度確保しているかについての質問に対する回答ですが（**図表1-66**）、従業員が少ない企業の方が投資のための資金を確保していないと回答した割合が高いことが分かります。

　企業の規模を一朝一夕に自力で大きくすることは難しいですが、M&Aにより他社を買収することでグループ全体での労働生産性を一層高めることは可能です。買収された企業においても独力で経営するより他のグループの傘下に入ることで労働生産性が高まることになり、結果的に日本全体の労働生産性の向上に寄与することに繋がります。

　このように、労働生産性が低いことが問題となっている中で、それを解決する手段としてM&Aが注目されているのです。

図表1-66　今後３年間で資金を投じるために必要な利益・余剰金の確保状況

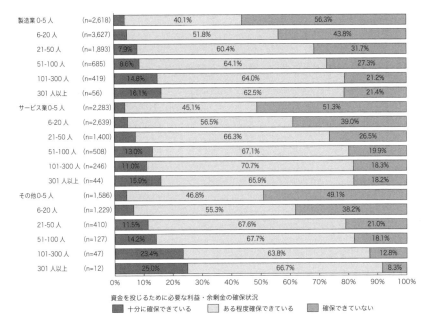

資金を投じるために必要な利益・余剰金の確保状況

■ 十分に確保できている　□ ある程度確保できている　□ 確保できていない

資料：（株）帝国データバンク「取引条件改善状況調査」
（注）受注側事業者向けアンケートを集計したもの。

（中小企業白書2021・第1-1-32図）

更なる成長のためのM&A

（1）　会社を成長させるためのM&A

　「中小企業」と一括りになっていますが、中小企業の中には上場企業よりも規模が大きく経営も安定している会社が数多く存在しています。

　サントリー（連結売上2兆円）や竹中工務店（連結売上1兆2000億円）といった有名な非上場会社は別格としても、売上が100億円以上の会社は1万社以上あるといわれています。

図表1-67　大規模な非上場会社の例

会社名	連結売上	資本金
YKK	6,537億円	119億9,240万500円
竹中工務店	1兆2,377億円	500億円
サントリー	2兆1,083億円※1	700億円
JTB（2021年3月期）	3,721億円※2	1億円※2

※1. 酒税控除後の売上
※2. 2020年3月期の連結売上は1兆2,885億円、資本金は23億円
　　2021年3月期の大幅な落ち込みはコロナウイルスの影響

　売上100億円以上あげている1万社以上の会社も、設立当初は吹けば飛ぶような会社であったでしょう。そのような会社が株式上場もせずに売上100億円以上に成長するには長い年月が必要となると思われます。しかし、現在のような情報化社会の中で、成長のスピードが緩やかだと周りの企業の成長スピードに追い付けずに取り残されてしまう可能性があります。

　しかし一方で、順調に成長していても何かしらの要因で途端に経営が立ちいかなくなることもあります。上記の例だと、JTBはコロナ禍の影響で2021年3月期の売上高は前年比30%弱（70%強の減収）とな

りました。また、資本金は23億円から1億円に減資し、法人税法上の中小企業に分類され税制上の優遇を受けることになりました。売上高1兆円超の企業であっても、外部要因（時には内部要因で）で売上高が半分以下になってしまうこともあります。巨大企業であれば1～2年減収が続いてもすぐに会社の存亡に直結することは少ないでしょうが、中小企業ではそうはいきません。

　なお、上述のJTBですが、コロナ禍の影響で売上が大幅に減少したことにより、営業利益は△976億円、当期純利益は△1,052億円の損失となりました。

　2021年8月にはメインバンク等に対する第三者割当増資により300億円を調達することが発表されました。また、報道によると本社ビルも売却したとのことです。

図表1-68　本優先株式発行の概要

(1)	種類株式名称及び発行新株式数	A種優先株式 235万株、B種優先株式 65万株
(2)	発行価額	1株につき 10,000円
(3)	調達資金の総額	30,000,000,000円
(4)	募集又は割当方法（割当先）	第三者割当の方法により、A種優先株式を株式会社みずほ銀行へ85万株、株式会社三菱UFJ銀行へ85万株、SMBCCP投資事業有限責任組合1号へ65万株、B種優先株式をDBJ飲食・宿泊支援ファンド投資事業有限責任組合へ65万株それぞれ割り当てる
(5)	払込期日（発行日）	2021年9月30日（予定）

（JTBニュースリリースより）

　上記の優先株式発行により調達した資金は事業継続に必要な資金に充当するほか、事業ポートフォリオ変革に資する成長戦略に充当する予定とのことです。

（2）　会社を成長させるためのM&A（買収）

　非上場会社においても中期経営計画を策定している会社はありますが、例えば現在の売上が80億の会社が1年後の売上目標を100億に設定した場合、1年で売上20億を増加させる（対前年比25%増）ことになります。売上80億もある会社が自力で25%成長させるのは、余程の成長産業に属していない限り難しいです。

　対前年比25%増の売上を可能とするのはM&Aを活用する成長戦略です。1年で売上20億増加させるため、例えば売上5億円や10億円の会社を買収することで一気に売上を増加させることができます。進出したいエリアにある会社を買収し、その会社を拠点に新規エリアで活動することで売上規模を拡大させるという中長期的な戦略を採る会社もあるでしょう。短期間での成長においても中長期での成長においても、M&Aを活用することで自力での成長に比べ企業の成長スピードを格段に高めることができます。

図表1-69　買い手としてのM&Aを検討したきっかけや目的

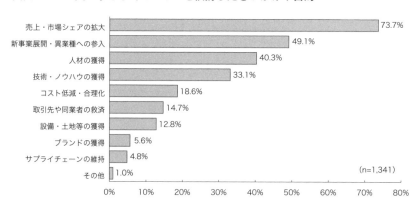

- 売上・市場シェアの拡大　73.7%
- 新事業展開・異業種への参入　49.1%
- 人材の獲得　40.3%
- 技術・ノウハウの獲得　33.1%
- コスト低減・合理化　18.6%
- 取引先や同業者の救済　14.7%
- 設備・土地等の獲得　12.8%
- ブランドの獲得　5.6%
- サプライチェーンの維持　4.8%
- その他　1.0%

（n=1,341）

資料：（株）東京商工リサーチ「中小企業の財務・経営及び事業承継に関するアンケート」
（注）1. M&Aの実施意向について、「買い手として意向あり」、「買い手・売り手とともに意向あり」と回答した者に対する質問。
　　　2. 複数回答のため、合計は必ずしも100%にならない。

（中小企業白書2021・第2-3-68図）

　図表1-69のデータは買い手としてのM&Aを検討したきっかけや目的を表したものです。「売上・市場シェアの拡大」が最も高く、次いで「新事業展開・異業種への参入」となっています。他社の経営資源を活用して企業規模拡大や事業多角化を目指している様子がうかがえます。また「人材の獲得」や「技術・ノウハウの獲得」なども上位となっています。

【他社を買収する主な目的】
・グループ全体の売上を増加させるために買収
・新たな営業拠点をつくるために買収
・人材確保のために買収

図表1-70　経営者年齢別、買い手としてのM&A実施意向

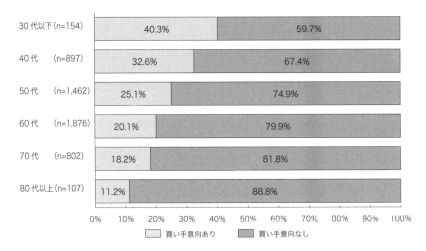

資料：（株）東京商工リサーチ「中小企業の財務・経営及び事業承継に関するアンケート」
（注）「買い手意向あり」は、M&Aの実施意向について「買い手として意向あり」、「買い手・売り手ともに意向あり」と回答した者の合計。

（中小企業白書2021・第2-3-63図）

　図表1-70のデータは、経営者年齢別に買い手としてのM&A実施意向を表したものです。これを見ると、経営者年齢が若い企業ほど「買

い手意向あり」の割合が高いことが分かります。特に、経営者年齢が30代以下の企業では4割以上で買い手意向があることが分かります。年齢が若いほどM&Aに対する抵抗も薄いということでしょう。

また、経営者の年齢が高くなるにつれ、リスクを取りづらくなります。経営者が30代であれば、仮に失敗しても取り返すチャンスはいくらでもあります。一方で、60代、70代の経営者は仮にM&Aを失敗した際に取り返すチャンスは少ないです。また、そもそも若い経営者に比べると経営に携わる時間も限られてきます。したがって、若い経営者ほど買手の意向が強いというこのデータはとても納得できます。

図表1-71　買い手としてM&Aを実施する際に重視する確認事項

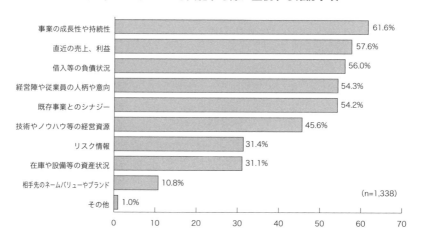

資料：（株）東京商工リサーチ「中小企業の財務・経営及び事業承継に関するアンケート」
（注）1. M&Aの実施意向について、「買い手として意向あり」、「買い手・売り手とともに意向あり」と回答した者に対する質問。
　　　2. 複数回答のため、合計は必ずしも100％にならない。

（中小企業白書2021・第2-3-70図）

　図表1-71のデータは買い手としてM&Aを実施する際に重視する確認事項について表したものです。「事業の成長性や持続性」が最も高く6割を超えており、「直近の売上、利益」、「借入等の負債状況」と続いています。やはり、買い手は将来性のある会社、業績の良い会

社を買収したいと考えていることが分かります。

　これを売り手の立場から見ると、将来性のある会社や業績の良い会社は買い手候補先が多く現れる可能性があるということですので、買い手から高い評価をされる（＝高く売却できる）可能性があるということがいえます。

図表1-72　買い手としてM&Aを実施する際の障壁

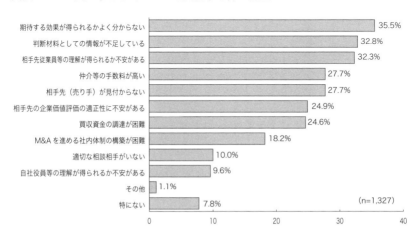

項目	%
期待する効果が得られるかよく分からない	35.5%
判断材料としての情報が不足している	32.8%
相手先従業員等の理解が得られるか不安がある	32.3%
仲介等の手数料が高い	27.7%
相手先（売り手）が見付からない	27.7%
相手先の企業価値評価の適正性に不安がある	24.9%
買収資金の調達が困難	24.6%
M&Aを進める社内体制の構築が困難	18.2%
適切な相談相手がいない	10.0%
自社役員等の理解が得られるか不安がある	9.6%
その他	1.1%
特にない	7.8%

(n=1,327)

資料：（株）東京商工リサーチ「中小企業の財務・経営及び事業承継に関するアンケート」
（注）1. M&Aの実施意向について、「買い手として意向あり」、「買い手・売り手とともに意向あり」と回答した者に対する質問。
　　　2. 複数回答のため、合計は必ずしも100%にならない。

（中小企業白書2021・第2-3-72図）

　図表1-72のデータはM&Aを実施する際の障壁について確認したものです。これを見ると、「期待する効果が得られるかよく分からない」、「判断材料としての情報が不足している」、「相手先従業員等の理解が得られるか不安がある」が上位となっていることが分かります。

　M&Aの売り手と買い手には情報格差があります（当然売り手の方が多くの情報を持っている）ので、買い手はある程度のリスクも引き受ける覚悟を持つ必要があります。そして、売り手有利の情報格差を少しでも減らすのがM&A支援機関の大きな役目です。

(3) 会社を成長させるためのM&A（譲渡）

❻では事業承継の選択肢としてのM&Aについて説明しましたが、ここでは会社を成長させるためのM&A（成長戦略型M&A）について触れたいと思います。

成長戦略型のM&Aとしてまず思いつくのは、多角化した事業の中でコア事業以外の事業を外部に売却する、いわゆる「選択と集中」のためのM&Aではないでしょうか。コア事業以外の事業を売却し、その資金をコア事業につぎ込み、コア事業の更なる成長を図るというものです。ただ、先ほどのJTBの例もあるように外部要因等でコア事業の業績が急激に悪化するリスクも鑑みると、ある程度のリスク分散も必要と考えられます。

「選択と集中」以外にも会社を成長させるためのM&Aがあります。それは会社の成長のためにあえて大企業の傘下に入るというものです。ここで一つ例を挙げたいと思います。

ある経営者は、20代で起業し順調に会社を成長させてきました。売上も数十億にまで伸ばし、さらに会社を大きくするために働き続けていました。この経営者があるとき、ふと「自分が今倒れたら、この会社はどうなるのだろう?」と思いました。売上を伸ばすために金融機関からの借入も膨らんでいました。しかし、この状態で自分（経営者）が倒れたら、この借入をどうやって返すのだろうか。この経営者は急に借入をするのに躊躇するようになってしまいました。しかし自らが創りあげた会社はさらに成長させたいとも思っています。

この経営者は、自らで経営するのを諦め、資金や人材が豊富な大企業に自らが所有する株式100%を売却し、大企業の傘下に入ることを決めました。自ら創りあげた会社の所有権は大企業に譲渡しましたが、引き続き経営は自らが行っています。必要に応じて大企業からの資金的、人的な支援を受け、この会社はさらに成長しています。

　個人の力だけで会社を大きくするには限界があります。どの大企業を見ても、組織がしっかりとしています。一方、比較的大きな中小企業は、経営者の経営能力や人脈等で会社を大きくしていたというタイプが多いです。そしてある程度会社が大きくなった段階で、その限界の壁に悩むことになります。

　上記の会社のように、比較的若い経営者において自分の力に限界を感じてあえて大企業の傘下に入るというケースが増えています。

(4)　税理士事務所の譲渡（事例）

　上記と同じようなことが税理士業界でも起き始めています。ある地方でトップ5に入る規模の税理士事務所から事務所の譲渡の相談を受けたことがあります。譲渡を検討した理由は事務所の更なる成長のためでした。

　この事務所は多くの法人顧客を抱え経営的には順調でした。さらに事務所を大きくするには事務所周辺に数多く存在する医療法人を顧客にすることが必要です。しかし医療業界に知見が無かったために顧客を獲得できずに悩んでいました。また、資産税の相談も増加し中には難易度の高い相談も増えてきてそれをリスクに感じるようになってきました。この事務所は、この状況を打破すべく、首都圏で様々な事業を展開している税理士事務所の傘下に入ることを決意しました。インターネットの発展により大都市と地方の情報の格差は小さくなっていますが、この地方の税理士事務所曰く、やはり大都市の方が様々な情報が集まりやすいとのことです。

　もう一つ例を挙げます。ある税理士事務所はある業界に特化した事務所でした。その業界ではかなり有名となりましたが、税理士や職員が何年かしたら退職してしまい、人が定着しませんでした。人が定着しない理由は、その事務所が特定の業界に特化しすぎて職員が仕事に

面白みを感じなくなってしまうからでした。この事務所では、人を定着させるには色んな仕事を行える環境を整える必要があると考え、多角化している税理士事務所の傘下に入ることに決めました。

　上記のように、税理士事務所の発展のためや人材の確保や定着のためにあえて大規模な税理士事務所の傘下に入るケースがあります。おそらく今後もこのようなM&Aが増えてくると思われます。

10 IPOに代わる手段としてのM&A

図表1-73 ベンチャーキャピタルの投資先企業のIPO及びM&Aの状況

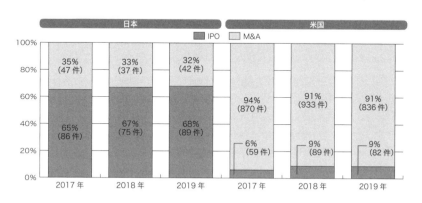

※日本の数値は年度、米国は暦年
出所：ベンチャーエンタープライズセンター「ベンチャー白書」よりあずさ監査法人が作成

（経済産業省「大企業×スタートアップのM&Aに関する調査報告書」）

　図表1-73のデータは令和3年3月に経済産業省が公表した「大企業×スタートアップのM&Aに関する調査報告書」（以下、本章では「本報告書」）です。日本はエグジット手段（投資を回収する手段）としてIPO（株式上場）を想定している起業家が7割、M&Aを想定している起業家が3割ほどであることが分かります。一方、米国では日本と真逆で、IPOを想定している起業家が1割、M&Aを想定している起業家が9割という結果になっています。

　アメリカでは日本でIPOを目的とする起業家が多い理由として、本報告書内では以下の3つが挙げられています。

---

1. 日本は米国に比べIPOの敷居が低く、スタートアップがIPOを選択する傾向が強い
2. M&Aにおいて、買い手と売り手で価格交渉が合意に至らないケー

スが多い

3. M&A後のPMI（Post Merger Integration）がうまくいかない

この章では、上記3つについて触れたいと思います。

（1）　上場基準が緩い

　日本のマザーズ市場の上場基準が緩いので、未熟なスタートアップであっても上場できてしまうケースがあります。

　『マザーズは、近い将来の市場第一部へのステップアップを視野に入れた成長企業向けの市場です。そのため、申請会社には「高い成長可能性」を求めています。申請会社が高い成長可能性を有しているか否かについては、主幹事証券会社がビジネスモデルや事業環境などを基に評価・判断します。多くの成長企業に資金調達の場を提供するという観点から、その上場対象とする企業について、規模や業種などによる制限を設けていません。マザーズ上場後、多くの企業が市場第一部にステップアップしています。』（日本取引所グループWEBより）

　マザーズ市場は成長企業への資金調達の場を提供することを一つの目的としているため、上場の要件を比較的低くしています。

　本則市場（市場第一部及び市場第二部を指します）への新規上場では純資産の金額や利益の金額も形式的な基準に含められていますが、マザーズ市場への新規上場の際には形式的な基準に含められていません。現時点の財務内容より将来どのように成長するかを重視しているからです。

　2020年末におけるマザーズ市場に上場している会社は346社で、東証全体では3,756社となります。マザーズ市場が東証全体に占める割合は9.2%でそれほど高くありません。しかし単年度で見てみると、2020年に上場した会社は103社（TOKYO PRO Market含む）に対し、

図表1-74　形式要件（マザーズ内国株）

項目	マザーズへの新規上場	（参考）本則市場への新規上場
⑴株主数 （上場時見込み）	150人以上（上場時までに500単位以上の公募を行うこと）	400人以上
⑵流通株式 （上場時見込み）	a. 流通株式数　1,000単位以上 b. 流通株式時価総額　5億円以上 c. 流通株式数（比率）上場株券等の25%以上	a. 流通株式数　2,000単位以上 b. 流通株式時価総額　10億円以上 c. 流通株式数（比率）上場株券等の25%以上
⑶時価総額 （上場時見込み）	―	―
⑷事業継続年数	新規上場申請日から起算して、1か年以前から取締役会を設置して継続的に事業活動をしていること	新規上場申請日から起算して、3か年以前から取締役会を設置して継続的に事業活動をしていること
⑸純資産の額 （上場時見込み）	―	連結純資産の額が正
⑹利益の額 （連結経常利益金額に少数株主損益を加減）	―	最近1年間の利益の額の総額が1億円以上
⑺虚偽記載又は不適正意見等	a.「上場申請のための有価証券報告書」に添付される監査報告書（最近1年間を除く）において、「無限定適正」又は「除外事項を付した限定付適正」 b.「上場申請のための有価証券報告書」に添付される監査報告書等（最近1年間）において、「無限定適正」 c. 上記監査報告書又は 四半期レビュー報告書に係る財務諸表等が記載又は参照される有価証券報告書等に「虚偽記載」なし	a. 最近2年間の有価証券報告書等に「虚偽記載」なし b. 最近2年間（最近1年間を除く）の財務諸表等の監査意見が「無限定適正」又は「除外事項を付した限定付適正」 c. 最近1年間の財務諸表等の監査意見が原則として「無限定適正」

（日本取引所グループ　上場審査基準一部抜粋）

マザーズ市場に上場した会社は63社ですので、全体の61.2%がマザーズ市場に上場したことになります。マザーズ市場から短期間で東証一部や二部に市場替えをしたり、業績悪化により退場したりするケースがあるので、毎年の伸び率はそこまで高くありません。

図表 1-75　上場会社数の推移

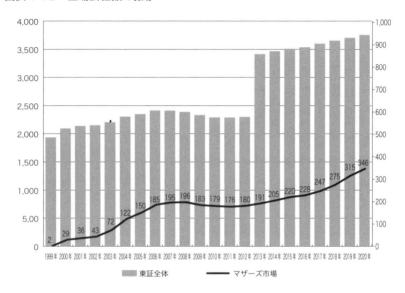

（上場会社数の推移（東京証券取引所）を元に作成）

　最近、「上場ゴール」という言葉を耳にします。上場時が成長のピークで、上場後急速に失速した会社を揶揄する言葉です。

【上場ゴールの例】
・上場直後に下方修正を出す
・上場時に高騰した株価が急速に下落し、一向に回復しない

　確かに上記のような会社は株主からすれば文句を言いたくなるような会社でしょう。しかし上場できるくらい魅力的なアイデアや技術を

持つ会社が「上場ゴール」と批判されるのはとても残念なことに思えます。

「会社は社会の公器」と松下幸之助氏やドラッカー氏は表現しました。上場するということは一部の利害関係者のための会社から不特定多数の利害関係者のための会社になりますので、より一層「社会の公器」としての役割が求められます。当然、上場した後も会社は存続しますし、株主からは会社が成長し続けることが求められます。

社会の公器として10年20年、いや50年100年と成長し存続するビジョンが描けていない中で、時代の流れに乗って上場できてしまったが故に批判にさらされるのは不幸なことです（いくら世間から批判されても莫大なお金を手にしたのでハッピーと感じる経営者もいるかもしれませんが）。

「上場ゴール」と揶揄される会社は、上場ではなくM&Aを選択すべきだったのかもしれません。上場できるくらい魅力的なアイデアや仕組みであれば、買収を検討する会社が多数あります。M&Aで会社を売却すれば、上場した際に得る対価ほどでは無いですが多額の対価を得ることができます。また、仮に売却した後に買収側が思い描くシナジーが生じなくても、それは買収した会社の責任であり基本的には売却した側に責任は及びません。一方、買収側としてもアイデアや技術等を一から研究開発する手間暇を省くことができるというメリットがあります。

「上場ゴール」が増加すると上場をサポートした証券会社や監査法人も世間から批判されるので、証券会社や監査法人の目がより厳しくなります。昨今のコロナ禍のように今まで順調に成長していた会社が途端に資金繰りに苦しむような状況に陥ることも想定され、将来会社を存続し続けること自体が難しくなっています。

これらを鑑みると、今後、上場ではなくM&Aを選択する人が増えてくるのではないでしょうか。

(2) 価格が折り合わない

本報告書では、価格が折り合わない要因を以下のように説明しています。

> 日本と米国では、M&A時の買収価格に大きな開きがある。その要因として、M&Aが実施されるステージの違いなどが挙げられるが、「スタートアップの非財務情報やM&Aによる買収企業のシナジー等が買収価格に適切に反映されていない可能性がある」という点も要因の一つと考えられる。

本報告書では、バリュエーション（価格算定）に非財務情報やシナジーをどのように反映させるかの例については同報告書に記載されています。本書では触れませんが、ご興味ある方は是非読んでいただきたいです。

図表1-76

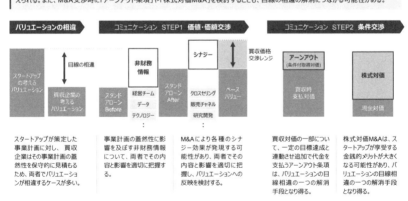

（経済産業省「大企業×スタートアップのM&Aに関する調査報告書」）

図表1-77　M&A時の買収価格

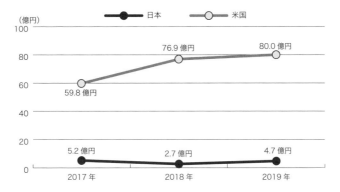

出所：ベンチャーエンタープライズセンター「ベンチャー白書」よりあずさ監査法人が作成
※買収価格は買収価格の総額÷買収件数として計算しており、平均値を記載
　円換算は、期中平均レートをあずさ監査法人が算定し、計算
　2017年は1ドル＝111.9円、2018年は1ドル＝110.3円、2019年は1ドル＝109.0円
（経済産業省「大企業×スタートアップのM&Aに関する調査報告書」）

　図表1-77は日本と米国におけるスタートアップのM&Aの買収価格のデータですが、日本と米国では文字通り桁が違っています。

　価格が折り合わない理由について非財務情報や買収企業のシナジー等が適切に反映されていないからだと先ほど書きましたが、その根本的な要因は以下であると考えます。

> 　日本企業は「自前主義」の傾向が強く、成長投資戦略の中でM&Aが積極的に活用されていないことが多いと考えられる。一方、米国の主要企業（GAFAM）では、M&Aを積極的に行い、企業価値の向上につなげていることが読み取れる。（本報告書より）

　非財務情報やシナジー等が価格に反映されていないということですが、日本の企業においても非財務情報やシナジー等を反映させた金額を理論的に算定することは可能であると思います。しかし、結局、日本の企業は積極的にスタートアップを買収していこうという意識が働

いていないため、その算定した金額で買収するに至らないように思えます。

図表1-78　日米比較：主要企業のM&A件数及び企業価値推移

日米主要企業のM&A件数

会社名	M&A件数 (2010~2020年)	1年あたり 平均件数
Alphabet Inc (Google Inc.)	229件	約20件
Apple Inc	128件	約11件
Facebook Inc	101件	約9件
Amazon.com Inc	143件	約13件
Microsoft Corp	223件	約20件
トヨタ自動車	38件	約3件
日本電信電話	74件	約6件

出所：Zephyrよりあずさ監査法人が集計

日米主要企業の企業価値推移

（単位：兆円）

出所：各社公表データよりあずさ監査法人が集計

（経済産業省「大企業×スタートアップのM&Aに関する調査報告書」）

　一方、米国の主要企業であるGAFAM※では、買収した企業の技術や人材を取り込んで研究・開発を継続して事業に反映しています。自社の成長投資戦略の中でM&Aが積極的に行われ、それが現在の高い企業価値に大きく寄与していると考えられています。その結果、日本と米国の主要企業を比較してもM&Aの件数や企業価値に大きな隔たりが生じています。

　本報告書でも記載がありますが、Googleが良い例です。Googleは2006年に16億5,000万ドル（2,000億円ほど）でYoutubeを買収しました。その当時のYoutubeの売上は1,500万ドル（18億円ほど）でしたが、2020年の広告売上高は197億7,200万ドル（2兆円ほど）です。買収した2006年当時は、あまりに高い買収価額に一部批判もありましたが、その後の急激な成長を鑑みるとGoogleは先見の明があったと言えるでしょう。

※GAFAM：米国の主要企業であるGoogle、Apple、Facebook、Amazon、Microsoftの頭文字を取った呼び名。ビッグ・テックとも呼ばれる。

本報告書内で、研究開発活動とM&Aというデータがありますので紹介します。

図表1-79 （参考）研究開発活動とM&A

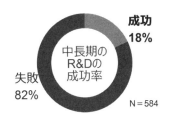

出所：一般財団法人日本総合研究所「中長期的視点に立った日本版イノベーションシステム構築に向けた調査（平成24年度経済産業省委託調査報告書）」

出所：デロイトトーマツコンサルティング株式会社「M&A経験企業にみるM&A実態調査（2013年）」

（経済産業省「大企業×スタートアップのM&Aに関する調査報告書」）

　左は中長期の研究開発（R&D：Research and Development）の成功率で、約18%となっています。一方、別の調査ではM&Aの成功率は約36%という結果が示されています。M&Aにより優れた技術を持つ企業を買収することをA&D（Acquisition and Development）と呼びます。余談ですが、「Acquisition」は買収という意味で、M&A（Merger and Acquisition：合併と買収）の「A」と同じです。A&Dには、優れた外部リソースの取り込みというメリットに加え、自社で研究開発を行う場合のリスクを軽減できるというメリットもあるとされています。日本においてもR&DではなくA&Dの有用性が認知され、A&Dを積極的に行っていく会社が増えることで、スタートアップのM&Aも増加することになります。

(3)　M&A後のPMI（Post Merger Integration）がうまくいかない

　PMIとは、M&A後に買収側が譲渡側をいかにグループの一員として取り込むかについての活動のことです。

本報告書では、スタートアップM&Aの阻害要因として以下のように記載しています。

> 　実行したM&Aが成果を上げていくために、PMIは重要な要素の一つであり、具体的な統合プランを策定・実行することが求められる。また、M&Aがイノベーション創出を目的とした成長投資であることについて積極的なIR※を行い、M&Aに対する投資家の理解を深めることが重要と考える。

※IR（Investor Relations）とは、企業が株主や投資家向けに経営状態や財務状況、業績の実績・今後の見通しなどを広報するための活動です。主に上場会社で行われていますが、最近では非上場会社でも積極的に行っている会社もあります。

　また、本報告書では阻害要因の具体的な内容も記載しています。

図表1-80　課題・阻害要因及び対策案の概要―モニタリング

プロセス	M&Aの課題・阻害要因（調査ヒアリングより）		対策案
モニタリング	M&Aの成果を適切に評価できない	● M&A後のモニタリング体制が整備されておらず、その後のM&A実施につながらない。	● KPIの設定など、M&A後のモニタリング体制を整備する。
	PMIが上手くいかない	● M&A実行後のPMIのプロセスが適切に構築されておらず、M&Aの成果が十分にあがらない。	● 統合方針や統合プランを具体的に策定する。
	M&A実施後の人材留保に失敗する	● 以下のような理由から、スタートアップ側のキーパーソンが離職し、M&Aの成果が上がらなくなってしまう。 ✓ ミッション、ビジョン等に共感できない。 ✓ スタートアップ経営者が会社に残るインセンティブが少ない。	● M&A実行時から継続的にミッション・ビジョン・カルチャーの共有を図る。 ● スタートアップ経営者に予算等の裁量を付すほか、アーンアウト条項を設定するなどの対応を検討する。
	のれんの減損発生について強い懸念がある	● M&Aの実施により発生するのれんの減損リスクに対し、投資家からのネガティブな評価を懸念してM&Aに消極的になってしまう。	● スタートアップに対するM&Aが、イノベーション創出を目的とした成長投資であることについて積極的なIRを行う。
	のれん等の減損は全て失敗と認識する	● 減損が発生しても、長期的にはM&Aの目的を達成できるケースがあるが、すべて失敗とみなされ、過度にネガティブな評価がなされてしまう。	

（経済産業省「大企業×スタートアップのM&Aに関する調査報告書」）

　先述の通り、日本ではまだまだスタートアップM&Aを重視していないことから、PMIについても真剣に検討する会社が少ないように思えます。また、上記で強調されている「のれんの減損に強い懸念が

ある」ことや「のれんの減損は全て失敗」と捉える風潮にあるというのは特に大きな阻害要因です。M&Aに限らず、何事においても日本はリスクに対する許容度が低いように思えますが、それ故にスタートアップM&Aを短期的な視点でしか考えることができず、のれんの減損を失敗と捉えてしまいます。先ほど説明した通り、スタートアップM&Aを研究開発（A&D）と考え、短期的な視点ではなく長期的な戦略に基づいた検討が必要です。そして、スタートアップM&Aを長期的視点で検討していることを投資家に理解してもらうためには積極的なIRが必要となります。

第2章

M&Aに関する会計・税務と税理士のサポート

株式譲渡と事業譲渡

　中小企業のM&Aで会社や事業を買収する場合に用いられる手法は主に株式譲渡（株式譲受）と事業譲渡（事業譲受）です。株式譲渡と事業譲渡について触れたいと思います。

（1）　株式譲渡

①　株式譲渡の定義

　株式譲渡とは、譲渡企業の株主が自らの保有する株式を第三者に譲渡することをいいます。譲渡企業の個々の資産・負債の譲渡ではなく譲渡企業を包括承継することになります。したがって、譲渡企業が従業員と結んでいる雇用契約や譲渡企業が保有する許認可、取引先との取引契約なども全て譲受企業が引き受けることになります。譲渡企業に簿外債務や連帯保証している債務などがある場合も譲受企業が引き受けることになるので注意が必要です。

②　機関の決議

　会社が子会社株式を譲渡する場合、支配権（議決権の過半数）を失うような譲渡は親会社において株主総会の特別決議が必要です。

ただし、譲渡する株式の帳簿価額が親会社の総資産の20%を超えない場合は、親会社における株主総会の特別決議は不要です。また、譲受会社と譲渡会社（対象会社である子会社の親会社）との間に90%以上の議決権を保有する関係（特別支配関係）がある場合は、親会社における株主総会の特別決議は不要です。

③　株式譲渡制限

　殆どの中小企業においては、定款の定めにより株式を第三者に譲渡する際に機関の承認が必要となる「株式譲渡制限」が課されています。

なお、定款の定めにより株式譲渡制限が課されている会社を「非公開会社」、株式譲渡制限が課されていない会社を「公開会社」と呼びます。公開会社＝上場会社ではないので注意が必要です（上場会社でない会社が公開会社となるメリットはないので、現実的には「公開会社≒上場会社」といえるかもしれませんが）。

　非公開会社が取締役会設置会社である場合、株式を第三者に譲渡するには取締役会の決議が必要です。取締役会非設置会社の場合は株主総会の決議が必要です（取締役会設置会社であっても定款の定めで株主総会の決議とすることは可能です）。

④　独占禁止法の規定による事前届け出

　国内売上高が200億円超の会社（その会社が属する企業結合集団全体の国内売上高含む）が、国内売上高が50億円を超える会社（その子会社の国内売上高含む）の株式を買収する場合で、株式取得後の議決権割合が新たに20％、または50％を超える場合は公正取引委員会への事前の届出が必要になります。

（公正取引委員会サイト「株式取得の届出制度」）

(2)　事業譲渡

①　事業譲渡の定義

　事業譲渡は個人または法人が営む事業の一部または全部を譲渡することです。ちなみに判例では事業譲渡は以下のように定義しています。

> 　「事業の譲渡」とは、①一定の事業目的のため組織化され、有機的一体として機能する財産（得意先関係等の経済的価値のある事実関係を含む。）の全部又は重要な一部を譲渡し、②譲渡会社がその財産によって営んでいた事業活動の全部又は重要な一部を譲受人に受け継が

せ、③それによって譲渡会社が法律上当然に、改正前商法25条（会社法21条）に定める競業避止義務を負う結果を伴うものをいう。

事業譲渡は、事業に従事する従業員や取引先との関係も含めた有機的一体として機能する資産を譲渡することとされています。事業譲渡は、譲渡する側の事業の全てを譲渡する場合（全部譲渡）と、一部門を切り離して譲渡する場合（一部譲渡）があります。

② 承継時の手続

事業譲渡は資産の譲渡ですので買収側は事業継続に必要な従業員と改めて雇用契約を締結する必要があります。従業員が多数の場合は雇用契約を締結するだけでも手間がかかります。また、事業譲渡では会社が所有する許認可を引き継ぐことはできませんので、事業遂行上必要な許認可は申請し直す必要があります。一方、株式譲渡は包括承継なのでこのような問題は生じません。

③ 機関の決議

譲渡企業は、事業の全部を譲渡する場合、または事業の重要な一部の譲渡をする場合、取締役会設置会社であれば取締役会の決議（取締役会非設置会社であれば取締役の過半数の承認）を経た上で、株主総会の特別決議による承認が必要です。なお、事業の重要な一部の譲渡において譲渡資産の帳簿価額が会社の総資産に占める割合が20%以下の場合は株主総会の特別決議を省略できます。また、譲渡企業と譲受企業が特別支配関係（(1)②参照）にある場合も株主総会の特別決議は不要です。

一方、他の会社の全部の事業を譲り受ける場合は、取締役会設置会社であれば取締役会の決議（取締役会非設置会社であれば取締役の過半数の承認）を経た上で、株主総会の特別決議による承認が必要です。なお、他の会社の全部の事業を譲り受けるにあたり、その対価の金額が譲受会社の純資産に占める割合が20%以下の場合は株主総会の特

別決議を省略できます。

④　反対株主の株式買取請求権

事業譲渡に関して株主総会で反対した株主は自らの保有する株式を公正な価額で会社に買い取ってもらうことを請求することができます。

⑤　独占禁止法の規定による事前届け出

国内売上高が200億円超の会社（その会社が属する企業結合集団全体の国内売上高含む）が、国内売上高30億円超の会社の事業全部を譲り受ける場合、または他の会社の事業の一部を譲り受ける場合でその事業の国内売上高が30億円超の場合、公正取引委員会への事前の届出が必要になります。

（公正取引委員会サイト「事業等の譲受けの届出制度」）

（3）　M&Aにおける株式譲渡と事業譲渡の相違点

M&Aを進める中で株式譲渡と事業譲渡でいくつか相違点があります。なお、株式譲渡と事業譲渡の税金に関しては後で説明します。

①　簿外債務について

株式譲渡は包括承継であるので、対象会社に簿外債務がある場合は簿外債務も承継することになりますが、事業譲渡は特定の資産負債の承継であるので簿外債務は承継しません。したがって、株式譲渡の際はデューデリジェンス（DD）で簿外債務の有無を調査する必要があります。

②　クロージング（決済）について

株式譲渡の場合は、株式譲渡契約書の締結とそれに伴う株主名簿の変更手続を行えば効力が発生するので契約と決済は同日に行われるのが通常です。ただ、例えば投資ファンドが株式を譲り受ける場合は、株式譲渡契約書を締結した後にキャピタルコール（投資家に資金を払

い込んでもらうこと）が必要で決済までに1ヶ月ほど必要な場合があ
ります。

　一方、事業譲渡は事業譲渡契約書を締結した後に譲受企業と従業員
との雇用契約の再締結や取引先との契約書の再締結等の作業が完了し
た際に決済が行われるので契約から決済まである程度の期間が必要に
なります。

③　譲渡の対価について

　株式譲渡はその対価は株主に支払われますが、事業譲渡はその対価
は法人に支払われます。株式譲渡で株主が個人の場合はその個人が株
式譲渡の対価を受け取り、譲渡所得として課税されます。一方、株式
譲渡で株主が法人の場合、または事業譲渡の場合は法人がその対価を
受け取り法人税等として課税されることになります。

② 株式譲渡にかかる税務

中小企業のM&Aにおいてよく用いられているのが株式譲渡（譲受）スキームです。株式譲渡に関する税務上の論点についてまとめてみます。

(1) 株主が個人の場合

図表2-1

①	所得の種類	譲渡所得（申告分離課税）
②	所得の計算方法	総収入金額（譲渡価額）－必要経費（取得費＋委託手数料等）
③	税　率	20%（所得税15%＋住民税5%） （ただし平成25年～令和19年までは20.315%（所得税15.315%＋住民税5%））

① 所得の種類について

念のため、平成25年度税制改正により、上場株式等と非上場株式等との間で譲渡損益の通算は原則としてできなくなっています。

② 所得の計算方法について

所得の計算方法で問題になるのは、取得費の扱いと、譲渡に際して支払った手数料についてですので、それらについて触れてみます。

【取得費について】

株式等を取得した時に支払った払込代金の他、取得に要した費用（購入手数料その他有価証券の購入のために要した費用がある場合には、その費用の額を加算した金額）も取得費に含めます。

・同一銘柄の株式等を2回以上にわたって購入している場合

同一銘柄の株式等を2回以上にわたって購入し、その株式等の一部を譲渡した場合の取得費は、総平均法に準ずる方法によって求めた1

単位当たりの価額を基に計算します。

・取得費が分からない場合

　譲渡した株式等が相続したものであるとか、購入した時期が古いなどのため取得費が分からない場合には、同一銘柄の株式等ごとに、取得費の額を売却代金の5%相当額とすることも認められます。実際の取得費が売却代金の5%相当額を下回る場合にも、同様に認められます。

　例えば、ある銘柄の株式等を300万円で譲渡した場合に取得費が不明なときは、売却代金の5%相当額である15万円を取得費とすることができます。

　M&Aで第三者に株式を譲渡した場合、実際の取得価額より売却代金の5%のほうが高くなることが往々にしてあります。その際に取得費を実際の取得価額で算定すると不必要に税金が高くなってしまうので注意が必要です。

【仲介手数料について】

　M&Aで株式を譲渡するにあたり仲介業者に手数料を支払った場合の処理ですが、株主が個人の場合、仲介手数料は上記の取得に要した費用に含めます。

仲介手数料：取得に要した費用に含める（消費税込みの金額）

---

③ 税率について

　税率は上記の通り、一律20%（所得税15%＋住民税5%）です。ただし平成25年から令和19年までは復興特別所得税として各年分の基準所得税額（15%）に2.1%を乗じた額を所得税と合わせて申告・納付します。

　つまり所得税は15%×（1＋2.1%）=15.315%となりますので、住民税5%を加えると譲渡所得等にかかる税率は20.315%となります。

(2) 株主が法人の場合

図表2-2

①	譲渡益の扱い	株式売却益
②	譲渡益の計算方法	譲渡対価－（株式取得価額＋諸経費）
③	税　　率	法人税等（法人税、住民税及び事業税）の税率

① 譲渡益の扱いについて

持分の多寡に応じて「関係会社株式売却損益」や「関連会社株式売却損益」、「投資有価証券売却損益」といった勘定科目になります。営業外損益や特別損益で計上されますが、どの段階で計上しても最終損益は同じですので問題になりません。

② 譲渡益の計算方法について

法人株主の取得価額については、個人株主の「取得費が分からない場合」の適用はありません。株式を取得した際に仲介手数料を支払った場合は諸経費として取得価額に含めます。一方、株式を譲渡した際に仲介手数料を支払った場合は、取得価額に含めずに営業外費用（または販売費及び一般管理費）として費用計上します（取得価額に含めようが費用計上しようが、最終損益は同じなのであまり問題にはなりません）。

③ 税率について

$$実効税率 = \frac{法人税率＋法人税率×（地方法人税率＋住民税率）＋事業税率}{1＋事業税率}$$

実効税率の計算方法は上記の通りです。

実効税率は各都道府県によって異なるのと、外形標準課税が適用されるか否か（資本金1億円超が適用）でも異なりますが、概ね30～35%です。

3 事業譲渡にかかる税務

中小企業のM&Aにおいて株式譲渡と共に多く用いられているのが事業譲渡スキームです。事業譲渡に関する税務上の論点についてまとめてみます。

(1) 個人事業主が事業譲渡する場合

事業譲渡は資産の譲渡です。譲渡する資産の種類によって所得の区分が異なります。

① 土地建物を譲渡した場合の所得は、譲渡所得（分離課税）となります。なお、土地や建物を譲渡したときの譲渡所得は、次のとおり所有期間によって長期譲渡所得と短期譲渡所得の二つに区分し、税金の計算も別々に行います。

長期譲渡所得：譲渡した年の1月1日において所有期間が5年を超えるものをいいます。

短期譲渡所得：譲渡した年の1月1日において所有期間が5年以下のものをいいます。

（参考）分離課税の譲渡所得の計算方法

---

① 短期譲渡所得＝譲渡価額－（取得費＋譲渡費用）－特別控除

税額＝短期譲渡所得金額×30.63%[※]（＋住民税9%）

※通常は30%ですが、平成25年〜令和19年まで特別復興税率（所得税額×2.1%）が課されます。

---

② 長期譲渡所得＝譲渡価額－（取得費＋譲渡費用）－特別控除

税額＝長期譲渡所得金額×15.315%※（＋住民税5%）

※通常は15%ですが、平成25年～令和19年まで特別復興税率（所得税額×2.1%）が課されます。

② 事業所得者が商品、製品、半製品、仕掛品、原材料などの棚卸資産を譲渡した場合の所得は、事業所得となります。

③ 使用可能期間が1年未満の減価償却資産、取得価額が10万円未満である減価償却資産（業務の性質上基本的に重要なものを除きます）、取得価額が20万円未満である減価償却資産で、取得の時に「一括償却資産の必要経費算入」の規定の適用を受けたもの（業務の性質上基本的に重要なものを除きます）を譲渡した場合の所得は、事業所得又は雑所得となります。

④ その他の資産を譲渡した場合の所得は、譲渡所得（総合課税）となります。

※他にも区分はあります。詳細は下記QRコード先を参照してください。

国税庁「No.3105　譲渡所得の対象となる資産と課税方法」

⑤ 営業権を譲渡した場合の所得は、譲渡所得（総合課税）となります。事業譲渡の対価が資産総額（負債も承継する場合は資産総額と負債総額の差額）を超えた金額は営業権となりますが、この営業権の譲渡は譲渡所得（総合課税）となります。

（参考）総合課税の譲渡所得の計算方法

総合課税の譲渡所得の金額は次のように計算します。短期譲渡所得の金額は全額が総合課税の対象になりますが、長期譲渡所得の金額はその1/2が総合課税の対象になります。

譲渡所得＝譲渡価額－（取得費＋譲渡費用）－特別控除（50万円）※

※譲渡所得の特別控除の額はその年の長期の譲渡益と短期の譲渡益の合計額に対して50万円です。その年に短期と長期の譲渡益があるときは、先に短期の譲渡益から特別控除の50万円を差し引きます。

(2)　法人が事業譲渡する場合

　事業譲渡ですので法人が所有する資産が譲渡され、事業譲渡対価がその資産総額を上回った場合は譲渡益として計上され、法人税等の課税の対象となります。個人事業主の事業譲渡の場合は所得の区分により税金計算が異なるので細かく分類しましたが、法人の事業譲渡の場合は特に考慮する必要はありません。

(3)　消費税

　消費税法上、国内において事業者が行った資産の譲渡等に対して消費税が課されますので、事業譲渡で譲渡する資産に対して消費税が課されます。ただし、土地のような非課税資産は消費税が課されません。なお、営業権については課税資産として取り扱われることになります。

(4)　不動産取得税、登録免許税の特例措置

　事業譲渡は資産の譲渡なので、土地・建物を譲り受けた側は不動産取得税や登録免許税が課せられます。土地・建物は往々にして金額が大きいため、それに課される不動産取得税や登録免許税も高くなります。その負担を軽減するため、中小企業庁より事業承継等に係る登録免許税・不動産取得税の特例措置が公表されています。

① 制度の概要

　中小企業者等※が、適用期間内に中小企業等経営強化法の認定を受けた経営力向上計画に基づき、合併、会社分割又は事業譲渡を通じて他の中小企業者等から不動産を含む事業用資産等を取得する場合、不動産の権利移転について生じる登録免許税、不動産取得税の軽減を受けることができます。

② 適用期間

　平成30年7月9日から令和4年3月31日までの期間

③ 対象となる行為類型

　(i) 合併、(ii) 会社分割又は(iii) 事業譲渡により、他の中小企業者等から土地・建物を含む事業上の権利義務を取得する行為であって、事業の承継を伴うもの

④ 軽減措置の内容

図表2-3　登録免許税

登記の種類		通常税率	計画認定時の税率
不動産所有権移転の登記	事業に必要な資産の譲受けによる移転の登記	2.0%	1.6%
	合併による移転の登記	0.4%	0.2%
	分割による移転の登記	2.0%	0.4%

図表2-4　不動産取得税※事業譲渡のみ

取得する不動産の種類	税額	認定時の特例
土地・住宅	不動産価格×3.0%	不動産価格の1/6相当額を課税標準から控除
住宅以外の家屋	不動産価格×4.0%	

※中小企業者等とは

・資本金又は出資金の額が1億円以下の法人

・資本金又は出資金を有しない法人のうち常時使用する従業員数が1,000人以下の法人

・常時使用する従業員数が1,000人以下の個人

・協同組合等（中小企業等経営強化法第2条第6項に規定する「特定事業者等」に該当するものに限る）

　ただし、次の法人は、たとえ資本金が1億円以下でも中小企業者等とはなりません。

①　同一の大規模法人（資本金又は出資金の額が1億円超の法人、資本金又は出資金を有しない法人のうち、常時使用する従業員数が1,000人超の法人又は大法人（資本金又は出資金の額が5億円以上である法人等）との間に当該大法人による完全支配関係がある法人等をいい、中小企業投資育成株式会社を除きます。）から2分の1以上の出資を受ける法人

②　2以上の大規模法人から3分の2以上の出資を受ける法人

中小企業等経営強化法の認定の手続（支援措置活用の手引き）

(5) 税理士事務所の事業譲渡

　税理士の平均年齢が年々高まっています。**図表2-5**のグラフは少し古い（2014年1月時点）ですが、年代別の割合を表したものです。7年以上前のデータですがすでに60歳代以上が半数以上であることが分かります。税理士の皆さまがこの7年で順調に年齢を重ねていれば、税理士の平均年齢は70歳近くになっているのではないでしょうか。

図表2-5　年齢層

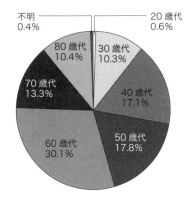

日本税理士会連合会「第6回税理士実態調査（データで見る税理士のリアル）」

　後継者不在で悩んでいるのは事業会社の経営者だけでなく、むしろ事業会社以上に後継者不在に悩んでいるのが税理士（あとは医者もですね）です。何しろ後継者（親族や従業員）が税理士資格を取得しない限り承継できないからです。長く続けることができる職業とはいえ、永久に事業を続けるわけにはいきません。後継者がいない税理士は仲間内で顧問先を分配してから廃業するケースが多いとは思いますが、最近は事業会社同様に税理士事務所のM&Aも活発になってきました。

　税理士事務所の資産は事業会社に比べると殆どありません。事務所の建物は賃借、机やパソコンは一括資産や少額資産、高額なコピー機はリースという事務所が多いのではないでしょうか。税理士事務所を第三者に事業譲渡する場合、その対価の殆どは顧問先や従業員の引継ぎとなります。

　では税理士事務所の顧問先や従業員を引き継ぐ対価は営業権の譲渡、つまり譲渡所得（総合課税）となるでしょうか。

昭和42年7月27日

広島国税局長　殿

国税庁長官

「税務および経理に関する業務」の譲渡に伴う所得の種類の判定について（昭和42.2.10付広局直所第89号・広局直資第77号上申に対する指示）

　税理士がその業務を廃止するに当たり、従来、関与していた得意先を他の税理士等に引き継いだ場合において、その引継ぎを受けた税理士等から受ける金銭等にかかる所得は、雑所得として取り扱うこととされたい。

（理由）

　税理士が、その業務を他の税理士等に引き継いだ対価として受ける金銭等は、得意先のあっせんの対価と認められる。

広局直所89

広局直資77

　昭和42年に国税庁が通知した見解では、税理士事務所の顧客を他の税理士等に引き継いだ際の対価は、得意先のあっせんの対価ということで「雑所得」であるとしています。

（国税庁サイト）

　また、平成22年には上記の国税庁の見解と同じく、税理士事務所を他の税理士に承継した際の対価は雑所得であるという裁決が出ています。

【請求人が営んでいた税理士事務所を他の税理士に承継するに際して受領した金員に係る所得は、譲渡所得には該当しないとした事例】

(平成22年6月30日裁決)

①税理士と顧問先との関係において、税理士のノウハウや顧問先との信頼関係は、当該税理士個人に帰属し、一身専属性の高いものであり、税理士とその顧問先が両者の委任契約の上に成り立っていることからすれば、当該税理士を離れて営業組織に客観的に結実することにはなじまないこと、②補助税理士及び従業員と顧問先との関係において、請求人の補助税理士は、請求人から事業を承継する税理士Aのみであり、かつ、事業承継時においてAに引き継がれた従業員はいなかったのであるから、当該事業承継では補助税理士及び従業員と顧問先との関係は生じないこと、③税理士事務所独自のノウハウ、これと税理士や従業員等が一体となって行われる運営、その他、超過収益を稼得できる無形の財産的価値を有していた旨の請求人の主張については、請求人から具体的な主張や証拠の提出はなく、また、請求人が経営していた税理士事務所に超過収益を稼得できる無形の財産的価値があったと客観的に認めることができないことから、請求人が経営する税理士事務所において、譲渡所得の基因となる資産としての営業権若しくはこれに類する権利が存在していたことを認識することはできない。

(国税不服審判所サイト)

この裁決は、請求人が以下のように主張したことに対するものです。

請求人は、税理士事務所においては、税理士、従業員(補助)税理士、従業員及び顧問先と税理士事務所独自のノウハウ等が一体となって税理士事務所の運営がなされていることに着目して営業権あるいは企業権というものを認識することができ、請求人はこの営業権という資産を譲渡したものであるから、その対価として受領した金員に係る所得は、所得税法第33条に規定する譲渡所得に該当する旨主張する。

　この裁決では税理士事務所の顧客は「一身専属性の高いもの」とされていて、営業権の存在を否定しています。私は学者ではないので理論的に見解を述べることはしませんが、最近活発になっている税理士事務所のM&Aで顧問先と従業員をそのまま引き継いでいることを鑑みると「税理士事務所の顧問先は一身専属性の高いもの」という前提が以前に比べ薄れているように思えますし、顧問先だけでなく従業員も引き継ぐので国税庁の見解である「得意先のあっせん」とも違うように思えます。また、税理士の高齢化により税理士事務所の事業承継のニーズが今後さらに増えてくることが確実である一方、事業譲渡の対価が雑所得では税理士事務所のM&Aを躊躇う税理士もいるのではないでしょうか。税理士事務所の事業承継をスムーズに行うためにも、今こそ「税理士事務所のM&Aの対価は譲渡所得である」と考えてはいかがでしょうか。

赤字企業の買収にかかる制限

> **Q** 「赤字の会社を買えば節税になりますか?」
> **A** 「赤字の会社を買えば理論的には節税になる可能性はありますが、節税目的の場合は否認されることがあるので、お薦めはしません。」

　上記のような質問をよく受けます。以前は赤字企業の繰越欠損金を活用するため赤字企業を積極的に買収する会社が多かったように思えますが、今は税制も改正され一定の制限が課せられていますし、何より節税目的のM&Aについて国税庁等の目が厳しくなっています。明らかな節税目的のM&Aは全くお勧めしません。

　ただ、結果として赤字企業を買収することになるケースもあるかと思います。税制上課せられている制限等について簡単に触れたいと思います。

(1)　債務超過の会社を買収して合併

　組織再編のうち2つの会社を1つにする合併については、税制上で適格とされる合併を行った場合には、合併される側の会社が有する繰越欠損金を原則的には引き継ぐことができます。それに対して、税制上で適格要件を充足しない非適格合併を行った場合は、繰越欠損金を引き継ぐことはできずに、その欠損金は切り捨てられてしまいます。次に繰越欠損金の引継制限について触れたいと思います。

(2)　引継制限の概要

　内国法人を合併法人とする適格合併が行われた場合には、被合併法人の未処理欠損金額は合併法人に引き継がれることとされていますが、当該適格合併が次のイからハのいずれの場合にも該当しないときには、合併法人は、被合併法人の未処理欠損金額について引継制限を受けます。

> イ　当該適格合併がみなし共同事業要件を満たす場合。
> ロ　被合併法人と合併法人との間に当該合併法人の適格合併の日の属する事業年度開始の日の5年前の日から継続して支配関係がある場合。
> ハ　被合併法人又は合併法人が当該5年前の日後に設立された法人である場合であって、当該被合併法人と当該合併法人との間に当該被合併法人の設立の日又は当該合併法人の設立の日のいずれか遅い日から継続して支配関係があるとき。

　上記イ〜ハのいずれかに該当すれば基本的には未処理欠損金を制限なく引き継ぐことができます。つまり、みなし共同事業要件を満たすか、他社を買収して5年間経過するか、被合併法人が設立されたタイミングで合併会社が支配関係にある、または合併法人が設立されたタイミングで被合併法人を支配している関係にある場合です。

　上記で「基本的には」と記載していますが、条文上は制限なく未処理欠損金を引き継ぐことができるのは間違いないです。では例外は何でしょうか。これは、「組織再編税制に係る各規定を租税回避の手段として濫用することにより法人税の負担を減少させるもの」に該当する場合です。要は、明らかに節税目的と分かるケースです。

　次にみなし共同事業要件について触れたいと思います。

(3) みなし共同事業要件

みなし共同事業要件を満たす適格合併とは、適格合併のうち次のイからニまでの要件又はイ及びホの要件に該当するものをいいます。

【事業関連性要件】

イ　被合併法人が適格合併の前に営む主要な事業のうちのいずれかの事業（被合併事業）と合併法人が適格合併の前に営む事業のうちのいずれかの事業（合併事業）とが相互に関連するものであること

次の全てに該当する合併は、事業関連性要件を満たすものとされています。

① 「被合併法人及び合併法人が事業を営んでいる」

被合併法人及び合併法人が、合併の直前において、それぞれ次に掲げる要件の全てに該当すること

イ　事務所、店舗、工場その他の固定施設を保有し、又は賃借していること

ロ　従業者があること

ハ　自己の名義をもって、かつ、自己の計算において商品販売等をしていること

② 「被合併事業及び合併事業が何かしら類似している」

被合併法人及び合併法人が、合併の直前において、それぞれ次に掲げる要件のいずれかに該当すること

イ　当該被合併事業と合併事業とが同種である場合

ロ　当該被合併事業と合併事業で扱う商品、資産もしくは役務又は経営資源[※]が同一又は類似している場合

ハ　当該被合併事業と合併事業とが何らかの相乗効果が生じる場合

※経営資源とは、事業の用に供される設備、事業に関する知的財産権等、

生産技術又は従業者の有する技能若しくは知識、事業に係る商品の生産若しくは販売の方式又は役務の提供の方式その他これらに準ずるものをいいます。

①において被合併法人及び合併法人のどちらも事業を営んでいることを要件としています。これは、節税だけを目的とした合併を防ぐために設けられた項目です。例えば、未処理欠損金がある会社を買収してすぐに従業員を解雇し未処理欠損金のみ残った箱だけの会社を合併しても未処理欠損金は引き継ぐことができないということです。

【事業規模要件】

ロ　被合併事業と合併事業のそれぞれの売上金額、従業者の数、被合併法人と合併法人のそれぞれの資本金の額又はこれらに準ずるものの規模の割合がおおむね5倍を超えないこと

【被合併事業の規模継続要件】

ハ　被合併事業が被合併法人と合併法人との間に最後に支配関係があることとなった時からその適格合併の直前の時まで継続して営まれており、かつ、その最後に支配関係があることとなった時とその適格合併の直前の時における被合併事業の規模（ロで採用したのと同じ指標）の割合がおおむね2倍を超えないこと

【合併事業の規模継続要件】

ニ　合併事業が合併法人と被合併法人との間に最後に支配関係があることとなった時からその適格合併の直前の時まで継続して営まれており、かつ、その最後に支配関係があることとなった時とその適格合併の直前の時における合併事業の規模（ロで採用したのと同じ指標）の割合がおおむね2倍を超えないこと

上記ロ～ニの要件の全てを満たす必要があります。なお、適格合併の判定で用いられる共同事業要件では、上記ハとニにあたる要件は求

められておりません。

【特定役員引継要件】

ホ　被合併法人の適格合併の前における特定役員（社長、副社長、代
　表取締役、代表執行役、専務取締役若しくは常務取締役又はこれら
　に準ずる者で法人の経営に従事している者をいいます。以下同じ。）
　である者のいずれかの者と合併法人の適格合併の前における特定役
　員である者のいずれかの者とがその適格合併の後に合併法人の特定
　役員となることが見込まれていること

　特定役員（社長、副社長、代表取締役、代表執行役、専務取締役若
しくは常務取締役又はこれらに準ずる者で法人の経営に従事している
者）ですが、定款等の規定又は総会若しくは取締役会の決議等により
その職制上の地位が付与された役員です。したがって、本事業要件を
満たすために名目上、常務取締役等を選任しても法人の経営に従事し
ていなければ特定役員に該当しないことになります。

　みなし共同事業要件を簡単にまとめると以下の通りです。

---

①　「事業関連性要件」及び「特定役員引継要件」を満たす
②　「事業関連性要件」「事業規模要件」「被合併事業の規模継続要件」
　「合併事業の規模継続要件」を満たす

---

　①または②が満たされれば、合併法人は被合併法人の未処理欠損金
を引き継ぐことができます。

退職金スキーム

　中小企業のM&Aにおいて、頻繁に「（役員）退職金スキーム」という単語が出てきます。「スキーム」と呼ぶような大袈裟なものではなく、単純に株式譲渡の譲渡対価の一部を役員退職金で支払うということです。大株主と役員が一致していることが多い中小企業ならでは、といえるでしょう。

　まずは、役員退職金にかかる税金について触れたいと思います。

【退職所得の計算方法】

> （収入金額[※] − 退職所得控除額）× 1/2 ＝ 退職所得の金額

※源泉徴収される前の金額

　なお、「特定役員退職手当等」に該当する場合（役員としての勤務期間が5年以下の場合）、上記の1/2計算の適用はありません。ついでに、令和4年度分から、従業員の退職所得についても勤続年数が5年以下の人については退職所得控除額を差し引いた額のうち300万円を超える部分については上記の1/2計算の適用はありません。

【退職所得控除額の計算方法】
図表2-6

勤続年数（=A）	退職所得控除額
20年以下	40万円 × A（80万円に満たない場合は80万円）
20年超	800万円 ＋ 70万円 ×（A − 20年）

　M&Aのアドバイザーになりたての税務の知識があまり無い人に「退職所得控除の計算方法は?」と聞くと、極まれに「月額報酬に就任期間を乗じて……」とトンチンカンな回答をしてくる場合があるので、案外注意が必要なのかもしれません。

退職金にかかる税金を計算するには税率も必要なので、税率表も記載しておきます。

【所得税】

図表2-7

課税される所得金額	税率	控除額
1,000円 から 1,949,000円まで	5%	0円
1,950,000円 から 3,299,000円まで	10%	97,500円
3,300,000円 から 6,949,000円まで	20%	427,500円
6,950,000円 から 8,999,000円まで	23%	636,000円
9,000,000円 から 17,999,000円まで	33%	1,536,000円
18,000,000円 から 39,999,000円まで	40%	2,796,000円
40,000,000円 以上	45%	4,796,000円

※平成25年から令和19年までの各年分の確定申告においては、所得税と復興特別所得税（原則としてその年分の基準所得税額の2.1%）を併せて申告・納付することとなります。

【住民税】

課税される所得金額の10%

（例）課税される退職所得金額が30,000,000円の場合

所得税： 30,000,000円×40% − 2,796,000円 =9,204,000円

9,204,000円×102.1%=9,397,284円

住民税： 30,000,000円×10%=3,000,000円

退職金にかかる税金合計=12,397,284円

次頁から具体的に退職金スキームに触れます。

【前提条件】

> 月額役員報酬：1,500,000円
> 役員就任期間：30年（勤続年数も同じ）
> 倍率：3倍
> 　一般的に用いられる「最終月額報酬×就任期間×支給倍率」で計算すると、退職金として認められるであろう金額は、1,500,000円×30年×3倍＝135,000,000円となります[※]。
> 株式取得価額：30,000,000円
> 仲介会社への手数料：22,000,000円（税込）

※あくまで一般的に用いられているというだけで、この計算式で計算した金額だからといって必ずしも認められるわけではないことはご承知おきください。上記計算式による金額であっても、同業他社の役員の退職金と比較しあまりに過大であれば認められないこともあります。

【パターン①】

> 株式譲渡の対価が400,000,000円、役員退職金ゼロの場合
> ①　株式譲渡対価にかかる税金
> (400,000,000円－（30,000,000円＋22,000,000円））×20.315%
> ＝70,696,200円
> ②　手取り金額（税金と手数料を控除）
> 400,000,000円－（70,696,200円＋22,000,000円）
> ＝**307,303,800円**

　株式譲渡の際の一般的な計算です。

　「（譲渡対価－必要経費（株式取得価額＋手数料））×20.315%[※]」で計算します。

※通常は20%ですが、令和19年までは特別復興所得税が課税されるので、20.315%となります。

【パターン②】

株式譲渡の対価が265,000,000円、役員退職金が135,000,000円の場合
（株式譲渡対価と役員退職金の合計が400,000,000円）
①　退職金にかかる税金
退職所得控除：（30年－20年）×70万円＋800万円＝15,000,000円
退職所得金額：（135,000,000円－15,000,000円）×1/2
　　　　　　　＝60,000,000円
所得税：（60,000,000円×45%－4,796,000円）×102.1%
　　　　＝22,670,284円
住民税：60,000,000円×10%＝6,000,000円
税金合計：22,670,284円＋6,000,000円＝28,670,284円
②　株式譲渡対価にかかる税金
（265,000,000円－（30,000,000円＋22,000,000円））×20.315%
　＝43,270,950円
①＋②：28,670,284円＋43,270,950円＝71,941,234円
③手取り金額（税金と手数料を控除）
400,000,000円－（71,941,234円＋22,000,000円）
　＝**306,058,766円**

　パターン①は譲渡対価4億円を全額株式譲渡対価としたケースで、パターン②はその一部を役員退職金としたケースです。しかしパターン②はパターン①に比べて手取り金額が小さくなっています。

　退職金にかかる税金は、退職所得金額の計算の際に退職所得控除と1/2計算を行うので相当優遇されています。しかし所得税の計算で用いる税率は累進課税で、退職所得金額が40,000,000円を超えると税率が45%となり、さらに住民税10%を加算すると55%になります。退職所得金額の計算で1/2計算をしているので、単純に55%を1/2計算をすると27.5%となり、譲渡所得の分離課税による税率20%に比べると高くなります。つまり、退職金の金額が大きくなると逆に税金が高くなってしまうので、注意が必要です。

【パターン③】

株式譲渡の対価が350,000,000円、役員退職金が50,000,000円の場合
（株式譲渡対価と役員退職金の合計が400,000,000円）
①退職金にかかる税金
退職所得控除：（30年−20年）×70万円＋800万円＝15,000,000円
退職所得金額：（50,000,000円−15,000,000円）×1/2
　　　　　　　＝17,500,000円
所得税：（17,500,000円×33%−1,536,000円）×102.1%
　　　＝4,328,019円
住民税：17,500,000円×10%＝1,750,000円
税金合計：4,328,019円＋1,750,000円＝6,078,019円
②株式譲渡対価にかかる税金
（350,000,000円−（30,000,000円＋22,000,000円）×20.315%
　＝60,538,700円
①＋②：6,078,019円＋60,538,700円＝66,616,719円
③手取り金額（税金と手数料を控除）
400,000,000円−（66,616,719円＋22,000,000円）
　＝311,383,281円

　パターン②の反省を生かして役員退職金を控えめにしたケースです。その結果、パターン①に比べ4百万円以上手取りが多くなっています。これがいわゆる退職金スキームの効果です。

　なお、退職金スキームは売手のメリットだけでなく買手のメリットもあります。役員退職金は譲渡企業が役員に支払うため、その支払い原資は譲渡企業の現金及び預金です。つまり、買手は株式譲渡対価の一部を役員退職金とすることで買収時の手出しの資金を抑えられるというメリットがあります。また、取得した株式価額は償却等で損金算入できませんが、一部を退職金とすることで損金算入できます。このように、売手・買手双方にメリットがあるため、中小企業のM&Aでは退職金スキームが頻繁に用いられるのです。

6 アーンアウト条項

（1） アーンアウト条項とは

　最近よく耳にするのが上記にある「アーンアウト」という言葉です。

　そもそもの話ですが、M&Aにおいて、譲渡側が希望する譲渡金額と買収側が希望する買収金額が最初から折り合うことはまずありません（最初から当事者同士で価格が折り合うならM&A仲介会社やアドバイザーは必要ありません）。譲渡側は高く譲渡したいし、買収側は少しでも安く買収したいと考えるのは当然です。

> 譲渡側　「将来売上がこれだけのびるから、高く買ってください」
> 買収側　「売上がのびるのが確実でないとその金額では買えません」

　このままでは平行線のままですので、この状況で用いられているのが「アーンアウト条項」です。

> 譲渡側　「将来売上がこれだけのびるから、高く買ってください」
> 買収側　「売上がのびるのが確実でないからその金額では買えない<u>けど、実際にその売上が実現したら追加で対価を支払いますよ</u>」

　例えば「3年後の売上が目標額に達したら○○億円を支払う」や「基準となる利益の水準を超えたらその超えた分の一部を支払う」といった取り決めをするのがアーンアウト条項です。成長著しい会社や設立して日が浅いスタートアップのM&Aによく用いられる手法です。

　なぜスタートアップのM&Aにアーンアウト条項が用いられるのでしょうか。それは一般的にスタートアップ企業の将来の成長性について不確実性が高いからです。いくら魅力的な事業であっても、設立間

もない企業に多額の投資を行うのは、なかなか勇気がいるものです。

(2) 会計処理（日本基準）

① 個別財務諸表

買収企業単体におけるアーンアウト条項の会計処理は、対価を追加で引き渡す場合は子会社株式の取得価額に加算、条件を満たすことができず対価の一部が返還される場合は、子会社株式の取得価額から減算することになります。

【仕訳】
（条件達成につき10引渡す場合）
子会社株式　　10　　　　　　／　　　　未払金　　　10
（条件未達成につき10返還される場合）
未収入金　　　10　　　　　　／　　　　子会社株式　10

---

② 連結財務諸表

企業会計基準第21号「企業結合に関する会計基準」第27項1号に条件付取得対価（アーンアウト条項）の会計処理が定められています。

【対価を追加で引き渡す場合】
　条件付取得対価の交付又は引渡しが確実となり、その時価が合理的に決定可能となった時点で、支払対価を取得原価として追加的に認識するとともに、のれんを追加的に認識する又は負ののれんを減額する。

【対価の一部が返還される場合】
　条件付取得対価の返還が確実となり、その時価が合理的に決定可能となった時点で、返還される対価の金額を取得原価から減額するとともに、のれんを減額する又は負ののれんを追加的に認識する。

　対価を追加で引き渡す場合と、対価の一部が返還される場合における仕訳は以下の通りです。

【仕訳】（初回取引でのれん計上）
① 条件達成につき10引渡す場合

のれん　　　　10　　　／　　　未払金　　　10

② 条件未達成につき10返還される場合

未収入金　　　10　　　／　　　のれん　　　10

---

(3) 会計処理（IFRS）

「企業結合」（IFRS第3号）では以下のように定められています。

　「取得企業は条件付対価の取得日公正価値を、被取得企業との交換で移転された対価の一部として認識しなければならない。」

　つまり、条件を達成して対価を支払う可能性が高い場合は、取得時に将来支払う（可能性が高い）対価をのれんとして計上することになります。

【仕訳】
（取得時確定したのれん20＋条件達成につき10引渡す可能性が高い場合）

のれん　　　　20　　　／　　　未払金　　　　20
のれん　　　　10　　　／　　　長期未払金　　10

　2年目で条件達成につき支払う対価が25に確定した場合の会計処理は以下の通りです。追加の支払が生じた場合、初年度に計上したのれんは変動せず、初年度に見込んだ対価10と確定した対価25の差額15

を費用計上します。

```
【仕訳】
費用        15    ／    未払金      25
長期未払金   10    ／
```

　一方、条件達成できずに追加で対価を支払う必要がなくなった場合の会計処理は以下の通りです。初年度に見込計上した債務を全額取り崩し、収益を計上します。

```
【仕訳】
長期未払金   10    ／    収益       10
```

（4）　譲渡側の処理

　個人株主が株式を譲渡し、その後アーンアウト条項により対価を得た場合、税務上、どのように処理するのでしょうか。これについていくつか考え方があります。

---

① 　譲渡所得に該当
　M&A実行時に、アーンアウト条項による対価の受領が確実であると見込まれている場合は、アーンアウト条項も株式譲渡対価と同様であるので、譲渡所得に区分される
② 　一時所得に該当
　アーンアウト条項により受領した対価は一時的な調整金であるので、一時所得に区分される
③ 　雑所得に該当
　アーンアウト条項による調整金は所得税法上のどの所得区分に当てはまらないので、雑所得に区分される

---

　①の譲渡所得であれば20.315%の申告分離課税で済みますが、②一時所得や③雑所得だと他の所得と合算され総合課税となります。

　ただ、①譲渡所得とする考えは、M&A実行時にアーンアウト条項の履行が確実であることが見込まれていることが前提となっているのですが、そもそもアーンアウト条項は将来不確実性のある場合に用いるのが一般的です。そのことを踏まえると、個人株主がアーンアウト条項により得た対価は②一時所得、または③雑所得として処理するのが妥当と考えます。実務的には③雑所得として扱われることが多いです。

　なお、法人株主がアーンアウト条項により対価を得た場合は、段階損益の問題はありますが収益として認識するだけなので特に問題になりません。

(5)　アーンアウト条項の事例

　日本企業が行ったM&Aでアーンアウト条項が付されている主な事例を紹介します。

図表2-8

No.	事例	実施時期	概要 内容	概要 業績条件
1	ユーザベースの Quartz Media LLC（米国）の買収	2018年7月	当初の取得対価として、普通株式で2,500万ドル（約27億5,000万円）と、現金5,000万ドル（約55億円）の支払。その後、Quartz Media LLCの業績の達成具体に合わせ、株式で最大2,500万ドル（約27億5,000万円）相当、及び現金最大1,000万ドル（約11億円）を追加で支払。	① 2018年12月期に係るQuartz Media LLCの売上のうち、諸条件を満たした金額 ② 2018年12月期末時点の有料課金ユーザー数
2	マネックスグループのコインチェックの買収	2018年4月	マネックスグループのコインチェックの当初の取得対価としては、株式による買収価格は36億円であったが、不正アクセスによる仮想通貨NEMの不正送金に関し、経営管理体制及び内部管理体制の改善を図っている途上だったこともあり、アーンアウト条件があり、右記の業績条件が付されている。	今後3事業年度（今後3年間）に及ぶコインチェックの業績に応じ、最終利益の2分の1を上限に支払う
3	グリーの3ミニッツの買収	2017年2月	現金を取得対価とした買収価格は42億円、のれん計上額は42億円	今後3事業年度（今後3年間）に及ぶ3ミニッツ社の業績に応じ、追加代金を支払う（内容は非開示）
4	ユーグレナのMEJの買収	2019年6月	・MEJのキーパーソンである同社CEOのコミットメントを高めるために、現金ではなく当社株式を対価として交付する株式交換方式としている。さらに、MEJの成長に向けたインセンティブを与えると共に、同社CEOのリテンションを図る観点から、業績条件付の株式報酬型ストック・オプションを割り当てる。 ・取得対価である株式の時価は7億4,300万円、のれん計上額は5億7,800万円。	下記を行使条件にした新株予約権を発行 ・2020年9月期または2021年9月期において売上高20億円かつ営業利益1.2億円以上の水準超過 ・2020年9月期、2021年9月期、2022年9月期いずれかの期において売上高35億円かつ営業利益3.5億円以上の水準超過

（経済産業省「大企業×スタートアップのM&Aに関する調査報告書」より）

7 のれんの会計処理、税務処理

(1) のれんの会計処理

① のれんの会計処理

　会計上、「のれん」とは、買収側が譲渡側に支払った対価が取得した資産及び負債の差額（純資産金額）を上回った場合のその差額をいいます。対価が純資産金額を下回った場合のその差額は「負ののれん」といいます。

　日本の会計基準上、のれんは20年以内の期間での償却が求められています。ただ、上場会社においてのれんを20年で償却している例は少ないと思われます（監査法人が20年償却を認めたがらないので）。

　一方、IFRS（国際会計基準）に基づいた会計処理をしている会社でのれんの償却は認められていません。その代わりに、毎年のれんが計上されている根拠となる超過収益力を評価し、計上しているのれんの金額を下回る場合はその差額を減損損失として計上することになります（「減損テスト」と呼ばれています）。

　（ちなみに日本の会計基準でものれんの減損処理は行います）

② のれんが発生するケース

　株式譲渡の場合、買手側がのれんを計上することはありません。買手が純資産以上（または純資産以下）の対価を支払っても、その対価は全額が子会社株式として計上されるからです。一方、事業譲渡の場合は買手が承継する資産と負債の差額以上の対価を支払った場合は、その差額はのれんとなります。資産と負債の差額以下の対価を支払った場合は、その差額は負ののれんとなります。

③ 連結財務諸表上ののれん

　②において株式譲渡ではのれんは発生しないと書きましたが、連結

財務諸表上はのれんが計上されます。

図表2-9

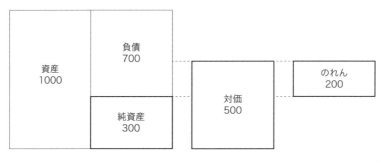

　株式譲渡で買手が純資産300の会社を500で買収したとします（現金預金で支払）。

【個別財務諸表上の会計処理】

| （子会社株式） | 500 | ／ | （現金預金） | 500 |

　個別財務諸表上、株式譲渡の対価は全額子会社株式で計上されるので、のれんは計上されません。

【連結財務諸表上の会計処理】

| （資産） | 1,000 | （負債） | 700 |
| **（のれん）** | **200** | （子会社株式） | 500 |

　連結財務諸表では各社の個別財務諸表を合算します。子会社の資産と負債の差額（本件では300）と親会社で計上している子会社株式（本件では500）の差額200がのれんとして計上されます。

　なお念のため、上記はあくまで連結財務諸表上の扱いなので、子会社でのれんが計上されたわけではないということはご留意ください（税務上の取り扱いが変わるわけではない、ということです）。

(2) のれんの税務処理

　会計上「のれん」として計上した金額は、税務上は「資産調整勘定」として扱います。のれんのうち、独立した資産として取引される慣習のあるものを税務上は「営業権」として扱うので、正確にいうと会計上ののれんから営業権を控除した金額を「資産調整勘定」として扱うことになります。

　一方、会計上「負ののれん」として計上した金額は、税務上は「負債調整勘定」として扱います。この負債調整勘定は、「退職給与負債調整勘定」「短期重要負債調整勘定」「差額負債調整勘定」の3つに分けられます。

「退職給与負債調整勘定」

　事業承継で承継した従業員に関する退職給与債務を引受けた場合、その退職給与債務の引受額に相当する金額。退職等で従業員でなくなった、または退職給与を支給する場合に益金算入します。

「短期重要負債調整勘定」

　事業承継で承継した事業に係る将来の債務（事業譲渡からおおむね3年以内に見込まれる債務）のうち、譲り受けた資産総額の20％を超える金額。その金額に係る損失が生じた場合、または3年経過した場合に取り崩して益金算入します。

「差額負債調整勘定」

　会計上の負ののれんから退職給与負債調整勘定及び短期需要負債調整勘定を控除した金額。5年間で均等に益金の額に算入します。

図表2-10

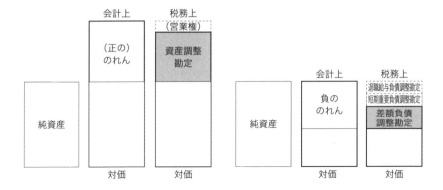

　営業権及び資産調整勘定は残存価額ゼロ、60か月にわたり月割均等償却され損金算入されます。一方、差額負債調整勘定は残存価額ゼロ、60か月にわたり月割均等償却され益金算入されます。

　なお、(1)でも触れましたが、株式譲渡等により連結財務諸表上に計上されるのれんについては、税務上は資産調整勘定（または負債調整勘定）には該当しません。

8 分割型分割によるM&A

　2つ以上の事業を営んでいる会社が、M&Aにより特定の事業を手放す場合、残したい事業と手放したい事業を切り分ける方法として事業譲渡ではなく会社分割が用いられる場合があります。このようなケースにおける会社分割が適格分割となるか否かが問題になります。平成29年度税制改正前は、分割型分割後の支配の継続要件として、分割後に分割法人と分割承継法人の双方について一の者による支配関係が継続することが見込まれることが要件とされていました。「一の者」とは、分割前に分割法人および分割承継法人を支配している者をいいます。

図表2-11

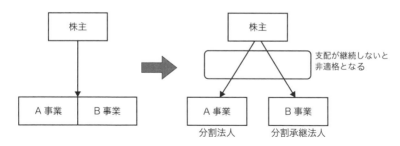

　平成29年度税制改正により、分割後における一の者と分割承継法人との間の支配関係の継続が見込まれることが要件と改められました。すなわち、この改正により、一の者と分割法人との間の支配関係の継続が見込まれていることは要件から除外されたわけです。これにより、一の者が分割した法人を第三者に譲渡（つまりM&A）しても適格要件を満たしていることになります。

図表2-12

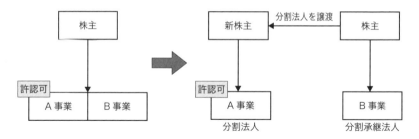

例えば、事業継続に許認可が必要なＡ事業と許認可が必要ないＢ事業を営んでいる会社がＡ事業を切り離したい場合を考えます。Ａ事業を切り離すために事業譲渡を選択した場合、事業譲渡ではＡ事業継続に必要な許認可を譲渡することはできません。許認可は会社に紐づいているからです。

一方、分割型分割を選択した場合、手許に残したいＢ事業を分割承継法人として一旦切り離します。分割元である分割法人にはＡ事業を継続するのに必要な許認可が残っていますので、分割法人を第三者に譲渡することが可能になります。

また、非事業用資産（現預金、有価証券や賃貸不動産等）が多額の会社が非事業用資産と事業を切り離す際にも分割型分割が有効です。

図表2-13

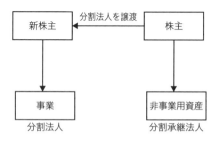

非事業用資産を別会社に移す際に適格分割以外のスキームを選択すると非事業用資産は時価評価することになってしまいます（評価益に

対して課税されることに)。一方、分割型分割を選択すると適格要件を満たせば非事業用資産を時価評価することなしに非事業用資産のみを分割承継法人として切り離し、分割法人を第三者に譲渡することで、非事業用資産のみを手元に残すことができます。

多額の非事業用資産の譲受は不要と考える会社は多いので、買収企業探索の観点から事前に非事業用資産を分割型分割で切り離すのはとても有効です。

9 税制改正：中小企業の経営資源集約化に資する税制

　2021年税制改正において、中小企業の経営資源集約化に資する税制として、M&A関係の制度が3つ創設されました。ここでは、その制度3つについてそれぞれ触れたいと思います。

(1) 背　景

　3つの税制が新設された背景には、経済産業省が中小企業の生産性の向上を強く求めているということがあります。令和2年9月末に経済産業省がまとめた税制改正に関する要望書の「Ⅱ.新型コロナ禍から立ち上がる中小企業の成長支援・地域経済の活性化」には、中小企業による経営資源集約化等に係る税制措置を創設する必要があると記載しています。当要望書には以下のような説明がされています。

> ・ウィズコロナ/ポストコロナ社会においては、「新たな日常」に対応していくことが必要であり、業態転換を含めて大胆なビジネスモデルの変革が重要。
> ・この点、単一又は少数の事業を営んでいる中小企業にとって、経営資源を集約化等（統合・事業再構築 等）させることによって、新規事業拡大や多角化等を行い、生産性を向上させることが可能。
> ・このため、ウィズコロナ/ポストコロナ社会に向けて、地域経済・雇用を担おうとする中小企業による経営資源の集約化等を支援するため、必要な税制措置を創設する。

　経済産業省は中小企業が既存のビジネスモデルの変革や経営資源集約により労働生産性を向上させ、地域経済や雇用を担う役割となってもらいたいと思っていて、その実現を図るための税制を今回の改正に

盛り込みました。

(2) 経営力向上計画について

3つの税制に関係してくる経営力向上計画について触れたいと思います。

図表2-14

（経営力向上計画申請手続について）

経営力向上計画は、人材育成、コスト管理等のマネジメントの向上や設備投資など、自社の経営力を向上するために実施する計画で、認定された事業者は、税制や金融の支援等を受けることができます。計

画申請には経営革新等支援機関のサポートを受けることが可能です。

図表2-15 制度利用のポイント

POINT 1 申請書様式は3枚	①企業の概要、②現状認識、③経営力向上の目標及び経営力向上による経営の向上の程度を示す指標、④経営力向上の内容、⑤事業承継等の時期及び内容（事業承継等を行う場合に限ります。）など簡単な計画等を策定することにより、認定を受けることができます。
POINT 2 計画策定をサポート	認定経営革新等支援機関（商工会議所・商工会・中央会や士業、地域金融機関等）に計画策定の支援を受けることができます。また、ローカルベンチマークなどの経営診断ツールにより、計画策定ができるようにしています。

POINT 3 計画実行のための3種類の支援措置をご用意	税制措置	認定計画に基づき取得した一定の設備や不動産について、法人税や不動産取得税等の特例措置を受けることができます。
	金融支援	政策金融機関の低利融資、民間金融機関の融資に対する信用保証、債務保証等の資金調達に関する支援を受けることができます。
	法的支援	業法上の許認可の承継の特例、組合の発起人数に関する特例、事業譲渡の際の免責的債務引受に関する特例措置を受けることができます。

※各支援措置については、詳しくは別冊 経営サポート「経営強化法による支援」をご覧下さい。

（経営力向上計画申請手続について）

　経営力向上計画が認定されることで、税制面、金融面、法律面から支援を受けることができます。経営力向上計画の内容や具体的な支援内容については「経営力向上計画策定の手引き」及び「中小企業等経営強化法に基づく支援措置活用の手引き」を確認いただければと思います。

（経営力向上計画策定の手引き）

（中小企業等経営強化法に基づく支援措置活用の手引き）

（3） 設備投資減税について

図表2-16

①設備投資減税

経営力向上計画に基づき、一定の設備を取得等した場合、投資額の**10%を税額控除**※ 又は **全額即時償却**。

※資本金3000万円超の中小企業者等の税額控除率は7%

（中小企業の経営資源の集約化に資する税制概要・手引き）

　M&Aの効果を高める設備投資減税ですが、これは中小企業等経営強化法の拡大という位置づけとなっています。

① 中小企業経営強化税制とは

　「この制度は、青色申告書を提出する中小企業等経営強化法の経営力向上計画の認定を受けた一定の中小企業者などが平成29年4月1日から令和3年3月31日までの期間（以下「指定期間」※といいます。）内に、新品の特定経営力向上設備等を取得又は製作若しくは建設して、国内にあるその法人の指定事業の用に供した場合に、その指定事業の用に供した日を含む事業年度において、特別償却又は税額控除を認めるものです。」（国税庁HPより）

※指定期間については今回の税制改正で延長になり、平成29年4月1日から令和5年3月31日となりました。延長に伴い、認定手続きの柔軟化が図られるのと、新たにD類型として「経営資源集約化設備」が追加されました。このD類型というのがM&Aの効果を高める設備投資を指しています。

図表2-17

類型	要件	確認者	対象設備（※1～3）	その他要件
A類型	**生産性が旧モデル比平均1%以上向上**する設備	工業会等	機械装置（160万円以上） 工具（30万円以上） （A類型の場合、測定工具又は検査工具に限る） 器具備品 （30万円以上） 建物附属設備（60万円以上） ソフトウェア（70万円以上） （A類型の場合、設備の稼働状況等に係る情報収集機能及び分析・指示機能を有するものに限る）	・**生産等設備**を構成するもの ※事務用器具備品・本店・寄宿舎等に係る建物附属設備、福利厚生施設に係るものは該当しません。（※4） ・**国内への投資**であること ・**中古資産・貸付資産でないこと**等
B類型	**投資収益率が年平均5%以上**の投資計画に係る設備			
C類型	**可視化、遠隔操作、自動制御化**のいずれかに該当する設備	経済産業局		
D類型	**修正ROAまたは有形固定資産回転率が一定割合以上**の投資計画に係る設備 新設			

※1 発電用の機械装置、建物附属設備については、発電量のうち、販売を行うことが見込まれる電気の量が占める割合が2分の1を超える発電設備等を除きます。また、発電設備等について税制措置を適用する場合は、経営力向上計画の認定申請時に報告書を提出する必要があります。詳しくは「経営力向上計画策定の手引き」P19を確認してください。

※2 医療用の器具備品・建物附属設備については、医療保健業を行う事業者が取得又は製作をするものを除きます。

※3 ソフトウェアについては、複写して販売するための原本、開発研究用のもの、サーバー用OSのうち一定のものなどは除きます。詳しくは「中小企業税制ハンドブックP22」の対象となるソフトウェアを確認してください。

※4 働き方改革に資する減価償却資産であって、生産等設備を構成するものについては、本税制措置の対象となる場合があります。詳しくはこちらの質疑応答事例（国税庁）をご確認ください。https://www.nta.go.jp/law/shitsugi/hojin/04/16.htm

（中小企業の経営資源の集約化に資する税制概要・手引き）

②　経営資源集約化設備（D類型）

　M&Aにより他社を買収した企業が、シナジー創出のため多額の設備投資を行うことは多々あります。買手はM&Aが成立してからが本番で、買手はM&A後の将来の投資額も見込んだ上で売手と株価の交渉を行う必要があります。M&Aを成立させても必要な設備投資が行えなければシナジー創出できないからです。

　設備投資減税により、投資額の10%（資本金3,000万円超の会社は7%）を税額控除、又は全額即時償却することが可能になります。税

額控除と即時償却のいずれを選択するにしても買収企業としては投資による負担が減少するため、より積極的にM&Aを行いやすくなります。

　なお、計画終了年度に修正ROA又は有形固定資産回転率を一定以上上昇させるための経営力向上計画の作成が必要です。

ROA （総資産利益率）	…利益／総資産×100
有形固定資産 回転率	…売上高／｛（期首有形固定資産＋期末有形固定資産）／2｝

　本特例措置により、事業者は償却費用の前倒しや税負担の軽減といったメリットを享受できるため、より積極的な事業展開を行うための設備投資へのインセンティブとなります。

　加えて、中小企業者等の投資を幅広く支援するため、ほぼ全ての業種を対象として、生産性の高い設備等（機械装置、測定工具・検査工具、器具備品、建物附属設備、ソフトウエア）を取得する場合（リースも含む）に適用を可能とされている一方、取得価額要件（一定金額以上の設備投資を対象）を設定することなどにより、経営力の向上に著しく効果のある設備投資に限定して支援を行うべく、制度設計がなされているものです。

　また、本特例措置を利用して設備を導入した企業のうち、「設備導入の決定に際し、本特例措置が影響した」と答えた企業は半数以上であり（令和2年度中小企業庁アンケートより）、景気の先行きの不透明さ等から設備投資を躊躇する傾向にある中小企業者等の設備投資を着実に後押ししています。

(4) 雇用確保を促す税制について

M&Aで他社を買収する際のリスクの1つとして、引き受けた会社の従業員が大量に辞めてしまう可能性が挙げられます。買収側が従業員の処遇を大きく変えると、このリスクは生じやすくなります。したがって、M&Aを行う際に買収される会社の従業員の処遇はそのまま、または買収側の給与規定に合わせるのが基本となります。未来永劫、従業員の処遇を変えないことを約束するのは無理なのですが、通常は3～5年ほどは処遇を変えないと考えて良いです。

買手がM&Aにより他社を買収した際には、当然買収した企業に属する従業員の給与等でコスト負担増になりますし、M&Aを機にさらに新たな人材を確保することも考えられます。本税制を活用することで人件費のコスト増の負担を減らすことができます。

本税制は所得拡大促進税制に関連しているので、所得拡大促進税制の現行制度、改正点も含めて説明します。

○所得拡大促進税制とは

『「所得拡大促進税制」は、青色申告書を提出している中小企業者等が、一定の要件を満たした上で、前年度より給与等の支給額を増加させた場合、その増加額の一部を法人税（個人事業主は所得税）から税額控除できる制度です。』

（中小企業庁WEBサイトより引用）

中小企業庁のWEBサイトに記載されている通り、各企業に対し従業員の賃金の積極的なアップを税制面から推進しています。

【旧制度の所得拡大促進税制の概要】

旧制度の所得拡大促進税制においては、「雇用者給与等支給額が前年度よりも増加」、かつ「継続雇用者の給与等支給額が前年対比で1.5%引き上げ」の2つを満たせば、増額分の15%を税額控除することが認められていました（通常措置）。また、上乗せという形で継続雇用者

の給与等支給額を前年対比で2.5%引き上げたら25%を税額控除することが認められていますが、こちらは一定の要件※が課されています（上乗せ措置）。なお、税額控除額の上限は、通常・上乗せどちらも法人税額または所得税額の20%となっています。

※以下のいずれかを満たすことが条件です。

・教育訓練費※が前年度比で10%以上増加していること
・中小企業等経営強化法に基づく経営力向上計画の認定を受けており、経営力向上が確実に行われること

※教育訓練費

　所得の金額の計算上損金の額に算入される、国内雇用者の職務に必要な技術又は知識を習得させ、又は向上させるために支出する費用のうち一定のものをいいます。具体的には、法人が教育訓練等を自ら行う場合の費用（外部講師謝金等、外部施設使用料等）、他の者に委託して教育訓練等を行わせる場合の費用（研修委託費等）、他の者が行う教育訓練等に参加させる場合の費用（外部研修参加費等）などをいいます。

【新制度の所得拡大促進税制の概要】

　新制度の所得拡大促進税制においては、雇用者給与等支給額が前年度と比べて1.5%以上増加した場合、増額分の15%を税額控除することが認められます。つまり継続雇用者の給与等支給額の条件が撤廃されました。また、上乗せについては、継続雇用者の給与等支給額ではなく、雇用者の給与等支給額を前年対比で2.5%以上増加した場合、増額分の25%を税額控除することが認められます。こちらも「継続」要件が撤廃されました（旧制度で課されていた「一定の要件」は新制度でも課されています）。

図表2-18　令和３年度改正による主な変更点

主な変更点

適用要件を、雇用者給与等支給額に一本化・簡素化

✓ 賃上げだけでなく、雇用増による所得拡大の取組みも評価します
✓ 手続きに係る事務負担を軽減

旧制度	適用期間：令和3年3月31日までの期間内に開始する各事業年度（個人事業主については、令和3年までの各年）

《適用要件（通常の場合）》

雇用者給与等支給額が前年度よりも増加

かつ

継続雇用者給与等支給額が前年度と比べて1.5%以上増加

《適用要件（上乗せ要件）》

継続雇用者給与等支給額が前年度と比べて2.5%以上増加しており、かつ次のいずれかを満たすこと
①省略　②省略

新制度	適用期間：令和3年4月1日から令和5年3月31日までの期間内に開始する各事業年度（個人事業主については、令和4年から令和5年までの各年）

《適用要件（通常の場合）》

雇用者給与等支給額が前年度と比べて1.5%以上増加

継続雇用者要件は、撤廃

《適用要件（上乗せ要件）》

雇用者給与等支給額が前年度と比べて2.5%以上増加しており、かつ次のいずれかを満たすこと
①省略　②省略

（中小企業向け所得拡大促進税制ご利用ガイドブック）

(5) 中小企業事業再編投資損失準備金について

① 創設された制度の概要

　青色申告書を提出する中小企業者のうち、改正産業競争力強化法の施行の日（令和3年8月2日）から令和6年3月31日までの間に中小企業等経営強化法の経営力向上計画について認定を受けたものが、その認定に係る経営力向上計画に従って行う事業承継等として他の法人の株式等の取得（購入による取得に限ります。）をし、かつ、これをその取得の日を含む事業年度終了の日まで引き続き有している場合において、その株式等の取得価額の70%相当額以下の金額を中小企業事業再編投資損失準備金として積み立てたときは、その積み立てた金額を損金の額に算入することができる制度が創設されました（措法55の2①）。この準備金は、その積み立てられた事業年度終了の日の翌日か

ら5年を経過したものがある場合には、5年間で均等額を取り崩して益金の額に算入することとされています（措法55の2②）。

② 適用対象法人

本制度の適用対象法人は、青色申告書を提出する中小企業者（注）のうち、改正産業競争力強化法の施行の日から令和6年3月31日までの間に中小企業等経営強化法第17条第1項に規定する経営力向上計画（同条第4項第2号に掲げる事項の記載があるものに限ります。）について同条第1項の認定を受けた法人です（措法55の2①）。

(注) 中小企業者とは、措法第42条の4第8項第7号に規定する中小企業者※（同項第8号に規定する適用除外事業者に該当するものを除きます。）をいいます。

　※(1)　資本金の額又は出資金の額が1億円以下の法人のうち次に掲げる法人以外の法人

　　　イ　その発行済株式又は出資（自己の株式又は出資を除きます。以下(3)において同じです。）の総数又は総額の2分の1以上を同一の大規模法人に所有されている法人

　　　ロ　上記イのほか、その発行済株式又は出資の総数又は総額の3分の2以上を複数の大規模法人に所有されている法人

　　　ハ　受託法人

　(2)　資本又は出資を有しない法人のうち常時使用する従業員の数が1,000人以下の法人（受託法人を除きます。）

　　(注1)　適用除外事業者は、上記（注）の適用除外事業者と同じです。

　　(注2)　大規模法人とは、次に掲げる法人をいい、独立行政法人中小企業基盤整備機構（判定法人（上記(1)の判定の対象となる資本金の額又は出資金の額が1億円以下の法人をいいます。）の発行する株式の全部又は一部が中小企業等経営強化法に規定する認定事業再編投資組合の組合財産である場合におけるその組合員の出資に係る部分に限ります。）及び中小企業投資育成株式会社を除きます。

　　　(1)　資本金の額又は出資金の額が1億円を超える法人

　　　(2)　資本又は出資を有しない法人のうち常時使用する従業員

の数が1,000人を超える法人

　⑶　大法人（次に掲げる法人をいいます。以下⑷において同
　　じです。）との間にその大法人による完全支配関係がある
　　法人

　　イ　資本金の額又は出資金の額が5億円以上の法人

　　ロ　相互会社及び外国相互会社のうち、常時使用する従業
　　　員の数が1,000人を超える法人

　　ハ　受託法人

　⑷　普通法人との間に完全支配関係がある全ての大法人が有
　　する株式及び出資の全部をその全ての大法人のうちいずれ
　　か一の法人が有するものとみなした場合においてそのいず
　　れか一の法人とその普通法人との間にそのいずれか一の法
　　人による完全支配関係があることとなるときのその普通法
　　人（上記⑶に掲げる法人を除きます。）

③　対象となる特定株式等の取得

　本制度は、適用対象法人が、各事業年度（注1）において、上記①
の経営力向上計画に従って行う事業承継等（注2）として他の法人の
株式等（株式又は出資をいいます。以下同じです。）の取得（購入に
よる取得に限ります。）をし、かつ、これをその取得の日を含む事業
年度終了の日まで引き続き有している場合(その取得をした株式等(以
下「特定株式等」といいます。）の取得価額が10億円を超える場合を
除きます。）に適用できます（措法55の2①）。

　（注1）　解散の日を含む事業年度及び清算中の各事業年度を除きます。

　（注2）　事業承継等とは、中小企業等経営強化法第2条第10項に規定す
　　　　る事業承継等（同項第8号に掲げる措置に限ります。）をいいます。

図表2-19

- 中小企業者のうち、令和6年3月31日までに**事業承継等事前調査（実施する予定のDD※の内容）に関する事項が記載された経営力向上計画の認定を受けたもの**が、**株式取得によって**M&Aを実施する場合に（取得価額10億円以下に限る）**株式等の取得価額として計上する金額（取得価額、手数料等）の一定割合の金額を準備金**として積み立てた時は、**その事業年度において損金算入できる制度です。**

※DD（デュー・デリジェンス）：M&Aを実施するにあたって、買手企業が売手企業に対して、財務や法務の状況について詳細に調査すること。

◆M&A実施時 ： 買手企業は、株式等の取得対価の70%以下の金額を準備金として積み立て
　　　　　　　　　　　　　　　　　　　　　　　　　　　⇒　**積立額を損金算入**
◆取崩要件該当時 ： 減損や株式売却等を行った場合は、準備金を取り崩す　⇒　**取崩額を益金算入**
◆5年経過後 ： 措置期間後の5年間にかけて均等額で準備金を取り崩す　⇒　**取崩額を益金算入**

（中小企業の経営資源の集約化に資する税制概要・手引き）

④　本準備金の積立て及び損金算入限度額

　本制度による損金算入限度額は、適用対象法人が特定株式等の価格の低落による損失に備えるため、その特定株式等の取得価額の70%相当額（注1）以下の金額を損金経理の方法により各特定法人（注2）別に中小企業事業再編投資損失準備金として積み立てた場合（決算の確定の日までに剰余金の処分により積立金として積み立てる方法により中小企業事業再編投資損失準備金として積み立てた場合を含みます。）における、その積み立てた金額となります（措法55の2①）。

（注1）　特定株式等の取得の日を含む事業年度において、その特定株式等の帳簿価額を減額した場合には、その減額した金額のうちその事業年度の所得の金額の計算上損金の額に算入された金額に相当する金額を控除した金額となります。

（注2）　特定株式等を発行した法人をいいます。

⑤ 本準備金の取り崩し

　中小企業事業再編投資損失準備金を積み立てている法人の各事業年度終了の日において、前事業年度から繰り越された特定法人に係る中小企業事業再編投資損失準備金の金額のうちに積立事業年度終了の日の翌日から5年を経過したものがある場合には、その5年を経過した中小企業事業再編投資損失準備金の金額については、5年間で均等額を取り崩して益金の額に算入します（措法55の2②）。

　また、次に掲げる取崩し事由に該当することとなった場合には、その該当することとなった日（合併の場合にあってはその前日）を含む事業年度において、その事由に応じてそれぞれ次の金額を取り崩して、益金の額に算入します（措法55の2③〜⑤）。

【本準備金取崩要件】

図表2-20

取崩事由	取崩金額
中小企業等経営強化法第18条第2項の規定により経営力向上計画の認定が取り消された場合（その経営力向上計画に従って行う事業承継等として特定法人の株式等の取得をしていた場合に限ります。）（措法55の2③一）	その取り消された日におけるその特定法人に係る中小企業事業再編投資損失準備金の金額
中小企業事業再編投資損失準備金に係る特定法人の株式等の全部又は一部を有しないこととなった場合（措法55の2③二）	その有しないこととなった日におけるその特定法人に係る中小企業事業再編投資損失準備金の金額のうち、その有しないこととなった株式等に係る金額
合併により合併法人に中小企業事業再編投資損失準備金に係る特定法人の株式等を移転した場合（措法55の2③三）	その合併の直前におけるその特定法人に係る中小企業事業再編投資損失準備金の金額
中小企業事業再編投資損失準備金に係る特定法人が解散した場合（措法55の2③四）	その解散の日におけるその特定法人に係る中小企業事業再編投資損失準備金の金額
中小企業事業再編投資損失準備金に係る特定法人の株式等の帳簿価額を減額した場合（措法55の2③五）	その減額をした日におけるその特定法人に係る中小企業事業再編投資損失準備金の金額のうち、その減額をした金額に相当する金額
法人が解散した場合（措法55の2③六）	その解散の日における中小企業事業再編投資損失準備金の金額

取崩事由	取崩金額
任意に特定法人に係る中小企業事業再編投資損失準備金の金額を取り崩した場合（措法55の2③七）	その取り崩した日におけるその特定法人に係る中小企業事業再編投資損失準備金の金額のうち、その取り崩した金額に相当する金額
青色申告書の提出の承認を取り消され、又は青色申告書による申告をやめる旨の届出書の提出をした場合（措法55の2④）	その承認の取消しの基因となった事実のあった日又はその届出書の提出をした日における中小企業事業再編投資損失準備金の金額
その事業年度が連結事業年度に該当しない場合で、かつ、前事業年度が連結事業年度に該当していた場合において、その事業年度の確定申告書等を青色申告書により提出できる者でないとき（措法55の2⑤）※	その事業年度終了の日における中小企業事業再編投資損失準備金の金額

※例えば、設立時から連結法人である法人が連結事業年度において積み立てた中小企業事業再編投資準備金を有していて、当該法人が自らを分割法人とする分割型分割を行い、その分割の日の前日を含む事業年度につき単体申告をする必要が生じたときが挙げられます。このような場合は、通常、当該法人は青色申告の承認を受けていないためです。

⑥ 適用にあたっての注意点

　本制度は、確定申告書等に中小企業事業再編投資損失準備金として積み立てた金額の損金算入に関する申告の記載があり、かつ、その確定申告書等にその積み立てた金額の計算に関する明細書（別表十二(二)）の添付がある場合に限り適用されます（措法55の2⑦）。

　また、連結納税制度においても、上記と同様の措置が講じられています（措法68の44）。

⑦ 本準備金の意義

　本準備金創設の目的は、「M&A実施後に発生し得るリスク（簿外債務等）に備えるため」です。中小企業は上場会社のような公認会計士の監査を受けていないので、一般的には粉飾決算や簿外債務の可能性がありますし、粉飾までいかなくても資産価値の無い資産を計上している場合があります。これらは通常は十分なデューデリジェンス（買収監査）を行うことで判明しますが、時間やコストとの兼ね合いで十分なデューデリジェンスが行えないこともあり、粉飾や簿外債務が見

逃される可能性はゼロでは無いです（監査を受けた上場会社であって
も後に粉飾が発覚することもありますので、中小企業であればなおさ
らです）。

　M&Aのリスクをゼロにするのは不可能です。リスクに備えるため
最近では表明保証保険を活用するケースも増えてきましたが、まだま
だ浸透していませんしコストもかかります。

　本準備金を活用することである程度のリスクヘッジになりますの
で、M&Aで買収を検討している方は、本準備金の活用も検討すると
良いでしょう。

　本準備金は一定期間の猶予を設けていますが課税の繰延ですので、
タックスプランニングを入念に検討する必要はあります。しかし、こ
の準備金制度をきっかけにM&Aを検討する企業はさらに増加すると
考えられます。

⑧　仕　訳

　M&Aにより他社の株式を7億円で買収した場合、以下のような仕
訳になります。本準備金の積立は、損金経理の方法による場合と剰余
金の処分による場合が想定されていて、それぞれ以下のように仕訳し
ます。なお、どちらの方式を採用しても損金算入されます（措法55
の2①）。

【M&A実行時の仕訳】（例）

（関係会社株式）700,000,000　/　（現預金）　　　　　　　700,000,000

【準備金方式】（申告不要）
（事業再編投資損失）490,000,000　/　（中小企業事業再編投資準備金）490,000,000

【剰余金処分方式】（別表四で減算）
（繰越利益剰余金）490,000,000　/　（中小企業事業再編投資準備金）490,000,000

【5年間均等取崩時】

　本準備金は積立ててから5年間の据置期間を経て、5年間で均等償却されます。本準備金を損金経理の方法により積み立てた場合と剰余金処分の方法より積み立てた場合で取り崩した際の仕訳は以下のようになります。なお、どちらの方式を採用しても均等償却した際にはその金額が益金算入されます（措法55の2②）。

```
【準備金方式】（申告不要）
(中小企業事業再編投資準備金)　98,000,000 ／（準備金取崩益）98,000,000

【剰余金処分方式】（別表四で加算）
(中小企業事業再編投資準備金)　98,000,000 ／（繰越利益剰余金）98,000,000
```

【一括取崩時】

　準備金の均等償却終了までに本準備金取崩要件に該当する事象が生じた際には、均等償却を待たずに全額（または一部）を取り崩します。仮に5年間の据え置き期間中に取崩要件が生じた場合の仕訳は以下の通りとなります。

```
【準備金方式】（申告不要）
(中小企業事業再編投資準備金)　490,000,000 ／（準備金取崩益）490,000,000

【剰余金処分方式】（別表四で加算）
(中小企業事業再編投資準備金)　490,000,000 ／（繰越利益剰余金）490,000,000
```

(6) 経営資源集約化税制の活用についての具体的な手引等

　上記で説明した3つの制度について、2021年8月2日に手引等が公表され、具体的に手続が明らかになりました。

図表2-21

新しい支援制度のお知らせ

「中小企業の経営資源集約化に資する税制」がスタートしました

経営力向上計画に基づいてM&Aを実施した場合、3つの税制措置を活用可能

①設備投資減税

- 経営力向上計画に基づき、一定の設備を取得等した場合、投資額の**10%を税額控除**※ 又は**全額即時償却**。

  ※資本金3000万円超の中小企業者等の税額控除率は7%

②雇用確保を促す税制

- 経営力向上計画の認定を受け、経営力向上報告書を提出した上で、給与等支給総額を対前年比で2.5%以上引き上げた場合、**給与等総額の増加額の25%を税額控除**。

③準備金の積立

- 事業承継等事前調査に関する事項を記載した経営力向上計画の認定を受けた上で、計画に沿ってM&Aを実施した際に、M&A実施後に発生し得るリスク（簿外債務等）に備えるため、**投資額の70%以下の金額を、準備金として積み立て可能（積み立てた金額は損金算入）**。

【益金算入】　　　　　　　　　均等取崩 20×5年間　　据置期間後に取り崩し（益金算入）

【損金算入】　積立　据置期間※（5年間）

※簿外債務が発覚し、減損等が生じた場合等には、準備金を取り崩して益金に算入。

各種制度の詳細はこちら

①設備投資減税（中小企業経営強化税制）

②雇用確保を促す税制（所得拡大促進税制）

③準備金の積立（中小企業事業再編投資損失準備金）

各制度活用の流れ

- ①設備投資減税、②雇用確保を促す税制、③準備金の積立を活用いただくためには、**以下の手続をしていただく必要**があります。
  （※）①～③のいずれかだけを活用いただくことも可能です。

①設備投資減税

- ◆ 事前確認　→　税理士 又は 公認会計士（※D類型の場合）
- ◆ 確認書申請　→　経済産業局（※D類型の場合）
- ◆ 発行　**導入する設備が要件を満たすことの確認**

⬟ **M&A 基本合意**

①～③共通

- ▲ 経営力向上計画申請　→　主務大臣（所管省庁）
- ▲ 認定　**実施するM&Aの内容や、デューデリジェンスの内容が要件を満たすことの認定**

⬟ **M&A 最終合意**

③準備金の積立

- ★ M&Aの報告　→　主務大臣（所管省庁）
  要件を満たすM&Aを実施したことの報告

- ◆ 設備取得・事業供用
- ── 事業年度末　※上乗せ措置の場合。通常措置では本手続は不要

②雇用確保を促す税制

- ★ 経営力向上の報告　→　主務大臣（所管省庁）
  経営力が向上したことの報告

⬤ 税務申告

（経営資源集約化税制の活用について）

図表2-21の各制度活用の流れを説明していきます。

① 設備投資減税に必要な手続（確認書の手続）

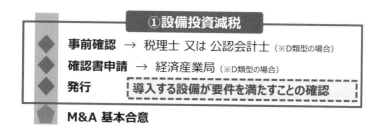

設備投資減税を活用するには、まず中小事業者（申請者）が申請書を作成し、その作成した申請書を公認会計士または税理士に確認してもらいます（会計監査人や顧問税理士でなくても問題無いです）。公認会計士または税理士は申請書を確認の上、事前確認書を作成します。その後、申請者は各地域にある経済産業局に必要書類を提出すると、1ヶ月以内に経済産業局から確認書が発行されます。

図表2-22　手続スキーム図

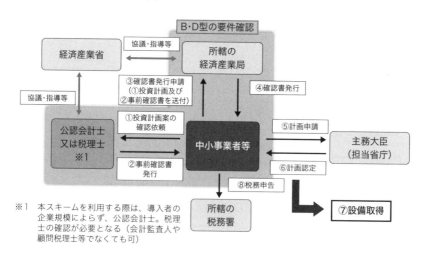

※1　本スキームを利用する際は、導入者の企業規模によらず、公認会計士。税理士の確認が必要となる（会計監査人や顧問税理士等でなくても可）

（経営資源集約化に資する設備（D類型）に係る経産局確認の取得に関する手引き）

② 共通の手続（経営力向上計画の認定）

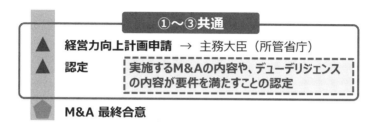

(2)で簡単に触れた経営力向上計画を所管省庁に申請し、主務大臣の認定を受ける必要があります。M&Aの最終合意がなされる前までに認定を受ける必要があります。

　設備投資減税を活用する場合は、経営力向上計画に導入する設備の内容の記載、M&Aの際に行うDDの内容の記載、および「事業承継等事前調査チェックシート」を添付が必要です。また、経営力向上計画を申請する際には①の確認を経た確認書を添付する必要があります。

　雇用確保を促す税制については、通常措置の場合は経営力向上計画の申請は必要ありませんが、上乗せ措置の場合は申請が必要です。なお、経営力向上計画内に雇用確保のための計画等を記載する必要はありませんが、「経営力向上による経営の向上の程度を示す指標（現状値）」を記載する必要があります。

　中小企業事業再編投資損失準備金については、M&Aによりどのように経営力を高めるかについての記載、M&Aの際に行うDDの内容の記載、および「事業承継等事前調査チェックシート」を添付が必要です。

③　中小企業事業再編投資損失準備金に必要な手続

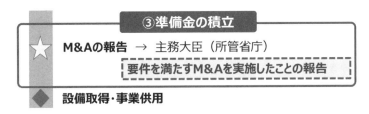

M&Aが完了した後、主務大臣に対して事業承継等を実施したこと及び事業承継等事前調査の内容について報告すると、主務大臣から確認書が交付されます。

④　雇用確保を促す税制に必要な手続

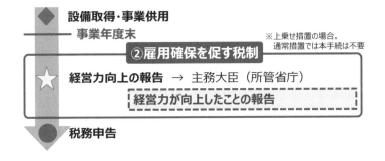

事業年度終了後、経営力向上が行われたことに関する報告書（経営力向上報告書）を作成し、経済産業省に提出します。この経営力向上報告書の中で、経営力向上計画に記載した指標に係る数値により経営力向上が確認できることが要件となります。つまり、経営力向上計画に記載された「経営力向上による経営の向上の程度を示す指標」についての現状値（認定を受けた経営力向上計画に記載されたもの）と適用年度における実績値（経営力向上報告書に記載されたもの）を比較して、適用年度の方が増加している場合でないと本要件による上乗せ措置は利用できないことになります。

図表2-23　中小企業向け所得拡大促進税制ご利用ガイドブックに記載されている指標

事業分野別指針	上乗せ措置が受けられる指標
全て	労働生産性、売上高経常利益率、付加価値額
自動車整備分野	点検整備入庫台数増加率
貨物自動車運送事業分野	運転者の平均労働時間、積載効率、実車率、実働率
医療分野	職員の離職率、勤続年数、定着率、ICTの活用等によるコストの削減
障害福祉分野	障害福祉職員の勤続年数、離職率、入職率
介護分野	介護職員の勤続年数、離職率、入職率
保育分野	職員の勤続年数、離職率
旅客自動車運送事業分野	実働率、実車率、運転者の平均労働時間、日車営収及び平均乗車密度
建設業分野	労働生産性（基本）、労働生産性（推奨）、労働生産性（簡易）

税制改正：株式を対価とするM&A

2021年税制改正においてM&A関係で新設された制度の中で中小企業事業再編投資損失準備金と共に注目されているのが株式対価M&Aに関する税制改正です。

(1) 株式対価M&Aとは

株式対価M&Aとは、文字通りM&Aの買手が自社株式を対価として譲渡会社の株式を取得することです。買手としては手出しの資金が不要というメリットがあるのですが、税法と会社法でそれぞれ制限があるため、日本では殆ど行われていませんでした。

(2) 株式対価M&Aに対する制限と撤廃

税法上の制限は譲渡会社に対するもので、譲渡会社がM&Aの対価として受け取った買収会社の株式を売却したか否かに関わらず、M&Aが成立した時点で課税されるということです。また、会社法上の制限は買収会社に対するもので、例えば買収会社においてM&Aの対価となる自社株式を発行するにあたり裁判所が選任する検査役の調査が必要となるといった制限です。

「日本では」と書きましたが、諸外国では頻繁に活用されています。諸外国では株式対価M&Aに対する制限が無いからです。

図表2-24　株式対価M&Aにおける課税繰延べ措置の国際比較

国名		課税繰延べ措置の有無
🇺🇸	アメリカ	○
🇬🇧	イギリス	○
🇫🇷	フランス	○
🇩🇪	ドイツ	○
🇯🇵	日本	△※

※産業競争力強化法の認定が必要（時限措置）

（経済産業省「令和2年度（2020年度）経済産業関係 税制改正について」）

　日本でも平成30年の税制改正により産業競争力強化法に基づく認定を受けた場合には株主課税の繰延べが受けられることになりましたが、要件が厳しいことなどから活用は進んでいませんでした。

　しかし、諸外国をみると株式対価M&Aを活用し急速な成長をしている例が多数見られるので日本でも株式対価M&Aを推進させる流れとなりました。

　まず、令和元年12月に成立した改正会社法において、事業再編の円滑化を促進することを目的として、新たに「株式交付制度」が創設され、株式対価M&Aが会社法上の再編類型の1つとして位置付けられることになりました。これにより、これまで株式対価M&Aを行う上で障害の1つとなっていた「株式発行に対する規制」が撤廃され、手続が合理化されました。

図表2-25　制度概要

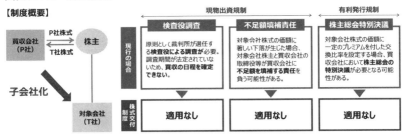

（経済産業省「令和２年度（2020年度）経済産業関係 税制改正について」）

　図表2-25の図の通り、M&Aの買手が自身の自社株をM&Aの対価とすることについて今までは様々な制限がありましたが、この会社法改正により制限が撤廃されました。

　そして、2021年の税制改正により産業競争力強化法に基づく認定を受けなくても株主課税の繰延べが受けられることになりました。これにより、譲渡企業の制限が撤廃されたので譲渡企業・買収企業どちらの制限も撤廃されました（**図表2-26**）。

図表2-26　改正概要（期限の定めなし）

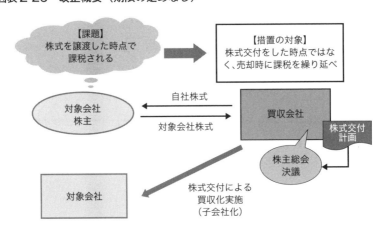

（経済産業省「令和３年度（2021年度）経済産業関係 税制改正について」）

(3) 創設された制度の概要

　法人が、株式交付によりその所有株式を譲渡し、その株式交付に係る株式交付親会社の株式の交付を受けた場合（その株式交付により交付を受けた株式交付親会社の株式の価額がその株式交付により交付を受けた金銭の額及び金銭以外の資産の価額の合計額の80％に満たない場合を除きます。）には、その譲渡に係る対価の額は、その所有株式のその株式交付の直前の帳簿価額に相当する金額に株式交付割合を乗じて計算した金額とその株式交付により交付を受けた金銭の額及び金銭以外の資産の価額の合計額（その株式交付親会社の株式の価額及び配当見合い金銭等の額を除きます。）とを合計した金額とする特例（すなわち課税の繰延べができる特例）が創設されました（措法66の2の2①）。

図表2-27　イメージ図

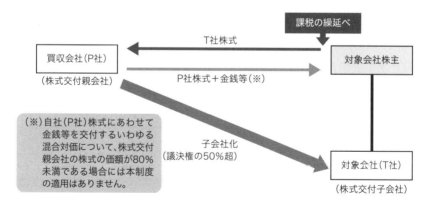

（国税庁「令和3年度法人税関係法令の改正の概要」）

① 対象となる株式の譲渡

本制度は、法人が所有株式を発行した他の法人を株式交付子会社^(注1)とする株式交付^(注2)によりその所有株式を譲渡し、その株式交付に係る株式交付親会社^(注3)の株式の交付を受けた場合（その株式交付により交付を受けた株式交付親会社の株式の価額がその株式交付により交付を受けた金銭の額及び金銭以外の資産の価額の合計額の80％に満たない場合を除きます。）に適用があります（措法66の2の2①）。

(注1) 株式交付子会社とは、株式交付親会社が株式交付に際して譲り受ける株式を発行する株式会社をいいます（会社法774の3①一）。

(注2) 株式交付とは、株式会社が他の株式会社をその子会社とするために当該他の株式会社の株式を譲り受け、その株式の譲渡人に対してその株式の対価としてその株式会社の株式を交付することをいいます（会社法2三十二の二）。以下同じです。

(注3) 株式交付親会社とは、株式交付をする株式会社をいいます（会社法774の3①一）。

② 株式交付割合

株式交付割合とは、株式交付により交付を受けた株式交付親会社の株式の価額がその株式交付により交付を受けた金銭の額及び金銭以外の資産の価額の合計額（配当見合い金銭等の額（剰余金の配当として交付を受けた金銭の額及び金銭以外の資産の価額の合計額をいいます。以下同じです。）を除きます。）のうちに占める割合をいいます（措法66の2の2①）。

③ 譲渡対価の額の計算

本制度による譲渡対価の額は、次により計算した金額となります（措法66の2の2①）。

（算式）

・譲渡対価の額 ＝ $\left(\begin{array}{c}\text{所有株式の株式交付}\\\text{直前の帳簿価額}\end{array} × \begin{array}{c}\text{株式交付}\\\text{割合}\end{array}\right)$ ＋ $\begin{array}{c}\text{交付を受けた金銭}\\\text{等の額（注）}\end{array}$

・株式交付割合＝$\dfrac{\text{交付を受けた株式交付親会社の株式の価額}}{\begin{array}{c}\text{交付を受けた金銭の額及び金銭以外の資産の価額の合計額}\\\text{（配当見合い金銭等の額を除く。）}\end{array}}$

（注）交付を受けた金銭等の額とは、交付を受けた金銭の額及び金銭以外の資産の価額の合計額から交付を受けた株式交付親会社の価額及び配当見合い金銭等の額の合計額を控除した金額をいいます。

（国税庁「令和3年度法人税関係法令の改正の概要」）

④ 適用にあたっての注意点

・外国法人については、その外国法人の恒久的施設において管理する株式交付に係る所有株式に対応して株式交付親会社の株式の交付を受けた部分を除き、本制度の適用がないこととされています（措法66の2の2②、措令39の10の3①）。

・株式交付親会社は、その確定申告書に株式交付計画書及び株式交付に係る主要な事項に関する明細書を添付する（株式交換及び株式移転についても同様となります。）とともに、その明細書に株式交付により交付した資産の数又は価額の算定の根拠を明らかにする事項を記載した書類を添付する必要があります（法規35五・六）。

⑤ 適用時期

令和3年4月1日以後に行われる株式交付について適用されます（改正法附則53）。なお、連結納税制度においても、上記と同様の措置が講じられています（措法68の86）。

(4) 株式交付制度の手続

① 株式交付計画の作成

株式交付親会社（買収会社）は、まず株式交付計画の作成が必要になります。株式交付計画の内容は以下の通りです。

・株式交付子会社の商号及び住所
・譲り受ける株式交付子会社の株式の数の下限
・株式交付子会社の株式の譲渡人に対して当該株式の対価として交付する株式の数、又はその数の算定方法並びに増加する資本金等の額
・株式交付子会社の株式の譲渡人に対して当該株式の対価として株式交付親会社の株式以外の財産を交付するときは当該財産の内容及び数若しくは額又はこれらの算定方法
・株式交付子会社の株式の譲渡人に対する株式の割当に関する事項
・効力発生日

② 株式交付計画の承認

株式交付親会社は作成した株式交付計画を株式交付の効力発生日までに、取締役会設置会社では取締役会決議（取締役会非設置会社では過半数の取締役の承認）を経た上で、株主総会の特別決議が必要になります。株式交付子会社に対して交付する株式交付親会社の株式等の対価の額の合計額が株式交付親会社の純資産額の20％以下の場合には株主総会の特別決議は省略することができます。

　一方、株式交付子会社においては取締役会決議（または過半数の取締役の承認）や株主総会決議は必要ありません。株式交付は制度的に必ずしも株式100%の取得を目的としているものではなく、あくまで株式交付により株式交付子会社となる対象会社の過半数以上の株式の取得を目的としたものです。株式交付親会社と株式交付子会社との間に契約関係があることは要せず、株式交付親会社は個々の株主との株式譲渡契約を締結することになるので、株式交付子会社の機関の承認は必要あ

りません。ただし、株式交付子会社の株式に株式譲渡制限が課せられている場合は、当然に定款に定められた機関の承認が必要になります。

③ 反対株主の株式買取請求権

株式交付親会社の株主で株式交付に反対の株主は、株式交付親会社に対して適正な価格での株式の買取を請求することができます。一方、株式交付子会社の子会社には株式買取請求権は認められていません。株式交付親会社は株主総会特別決議で株式交付計画が承認されれば手続きが進んでしまうので、特別決議で反対をした株主に対して救済措置として株式買取請求権が認められています。一方、株式交付は株式交付親会社と株式交付子会社の株主との交渉なので、株式交付に反対の株主は株式交付親会社との契約を締結しないという選択をとることができるので、救済措置としての株式買取請求権はありません。

④ 債権者異議手続

株式交付の対価が株式交付親会社の株式以外の金銭等により行われる場合は、株式交付親会社の債権者は一定期間のうちに異議を述べることができます。

(5) 株式交換との違い

株式交付と株式交換について性質は似ていますが異なる点もあります。その異なる点を3つほど説明します。

一つ目は、株式交付は必ずしも親会社は子会社の株式100%を引き受けることを予定していないのに対し、株式交換では親会社は子会社の株式100%を引き受けます。

二つ目は、株式交付と株式交換では契約の主体が異なります。株式交付親会社は子会社の株主と株式交付の契約を締結しますが、株式交換は親会社と子会社間で株式交換の契約を締結します。これに伴い、株式交付では株式交付子会社は株式交付に関する機関の承認は必要あ

りませんが、株式交換では親会社だけでなく子会社も株主総会の特別決議を経る必要があります。

　三つ目は、すでに子会社となっている会社の株式を追加取得する際の手続が異なります。株式交付制度は新たに子会社になる場合に用いることができる制度なので、すでに子会社となっている会社に対して株式交付制度を用いることはできません。一方、株式交換はすでに子会社となっている会社に対して用いることは可能です。

（6）　事　例

　株式対価M&Aは買収企業グループの事業成長に向けたスタートアップ経営陣のコミットメントを高める目的で採用しているケースが多いと考えられます（大企業×スタートアップのM&Aに関する調査報告書）。日本ではまだまだ事例は少ないですが、**図表2-28**のような事例があります。

図表2-28

No.	事例	実施時期	利用目的
1	ユーグレナによるMEJの買収	2019年5月	MEJのCEOのデジタルマーケティング分野における手腕を当社グループ全体のデジタルマーケティングの強化においても活用していく予定であることから、MEJを含む当社グループの事業成長に向けたMEJの経営陣のコミットメントを高めるために、現金ではなくユーグレナ株式を対価として交付する株式交換方式を完全子会社化の手法として採用した。（出所：株式会社ユーグレナ　適時開示情報）
2	シキラボによるMAGES.labの買収	2020年7月	MAGES.labの代表取締役社長に本株式交換でシキラボ株式を割り当てることを予定しております。これは、シキラボの中長期の成長を実現するためのインセンティブを株式という形で付与することで、当社グループのプラットフォームサービスのさらなる強化とSaaS受託開発等による業績拡大に向けたコミットを強化することを目的としております。（出所：株式会社識学　適時開示情報）

第3章 M&Aの実務と税理士のサポート

M&Aの進め方

（1）　中小企業のM&Aフロー図

図表3-1　中小M&Aフロー図

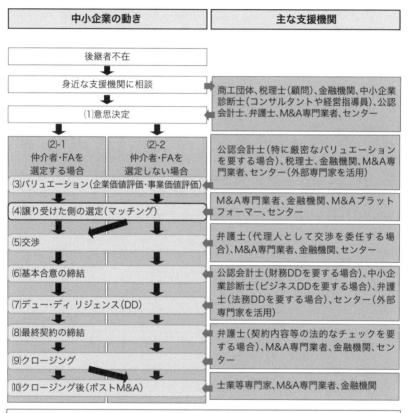

中小企業の動き	主な支援機関

後継者不在

身近な支援機関に相談 → 商工団体、税理士（顧問）、金融機関、中小企業診断士（コンサルタントや経営指導員）、公認会計士、弁護士、M&A専門業者、センター

(1)意思決定

| (2)-1
仲介者・FAを
選定する場合 | (2)-2
仲介者・FAを
選定しない場合 |

(3)バリュエーション（企業価値評価・事業価値評価） → 公認会計士（特に厳密なバリュエーションを要する場合）、税理士、金融機関、M&A専門業者、センター（外部専門家を活用）

(4)譲り受けた側の選定（マッチング） → M&A専門業者、金融機関、M&Aプラットフォーマー、センター

(5)交渉 → 弁護士（代理人として交渉を委任する場合）、M&A専門業者、金融機関、センター

(6)基本合意の締結 → 公認会計士（財務DDを要する場合）、中小企業診断士（ビジネスDDを要する場合）、弁護士（法務DDを要する場合）、センター（外部専門家を活用）

(7)デュー・ディリジェンス（DD）

(8)最終契約の締結 → 弁護士（契約内容等の法的なチェックを要する場合）、M&A専門業者、金融機関、センター

(9)クロージング

(10)クロージング後（ポストM&A） → 士業等専門家、M&A専門業者、金融機関

> 主に、顧問である士業等専門家、取引金融機関、仲介契約・FA契約締結後のM&A専門業者、センターは、上記フロー図にかかわらず、上記工程全般における一次的な相談に対応が可能

※事業引継ぎ支援センターは「センター」と記載している。

（中小M&Aガイドラインより）

　図表3-1のデータは、中小M&Aガイドラインにある M&A フロー図です。この章では、M&Aの進め方について手続ごとに説明していきます。

(2)　意思決定について

　譲渡を検討する会社が検討するのに必要な情報は2つあります。

・いくらで譲渡できるのか（株価）
・誰が買ってくれるのか（候補先リスト）

　多くの支援機関は上記の2つの情報を無料で作成してくれます。株価はいわゆる相続税評価額ではなく、第三者に譲渡する際の株価です。M&Aにおける株価の算定方法は**2**で簡単に触れます。

　候補先リストは譲渡会社の売上規模、業種、エリアを考慮して支援機関が持っている情報をもとに作成します。支援機関はM&Aで買収を検討している会社から「売上は○○百万円以上、エリアは△△△、M&A資金は□□□百万円ほど」といった情報をヒアリングし自らのデータベースに保存しています。候補先リストはそのデータベースを駆使して作成します。当然ですが、データベース上の情報量の多寡が候補先リストの精度を左右します。例えば地方銀行のように、あるエリアの情報量は突出しているがそれ以外のエリアの情報はそれほどでもないというケースがあります。限定されたエリア内に最適な候補先がいれば問題ないですが、全国レベルで候補先を探すほうが選択肢は広がります。また、譲渡を検討する会社の中には情報漏洩の観点から近いエリアの会社に提案してもらいたくないと考える会社もあります。

（3） 支援機関との契約について

　M&Aを検討するのに必要な情報（株価と候補先リスト）を元に検討した結果、譲渡する方向に決めたら支援機関と契約を締結します。この契約について2つほど論点がありますので、簡単に触れたいと思います。

① 専任か非専任か

　譲渡会社の中には、「多くの支援機関と非専任で契約し、競わせて、最も高い株価を提示した候補先と交渉したい」という方がいらっしゃいます。少しでも高く譲渡したい方がそのように考えるのは至極当然の話です。しかし、以下の理由から非専任契約はお勧めしません。

　複数の支援機関と非専任契約を締結し、各支援機関が買収候補先の探索を一斉に開始します。各支援機関が制限なく探索してしまうと、同じ候補先に複数の支援機関が提案するということが起こります。複数の支援機関から提案を受けた候補先は「この案件は出回り案件なのか？」と疑います。そして「出回っている案件ということは、何か訳ありの案件なのか？」と考えてしまいます。通常であれば高い評価が付きそうな会社であっても、出回り案件と認識されてしまうと確実に評価が下がります。

　「出回り案件化」を避けるためには、譲渡会社自らが複数の支援機関をコントロールする必要があります。各支援機関に候補先リストを提出させ、重なった候補先についてはどの支援機関に提案させるかを譲渡会社が決めます。各支援機関が提出する候補先リストは1〜2社ではなく10社、20社、多いと100社ほどのリストを提出する支援機関もあります。候補先リストを追加してくる支援機関もあるでしょう。それら候補先を全て譲渡会社がコントロールするのはかなりの手間がかかります。

　また、「2つの支援機関に依頼すれば候補先の数は2倍になる」と考えている方がいらっしゃるかもしれませんが、それは間違いです。

図表3-2

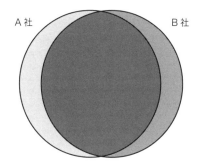

　大手支援機関であれば所有している情報にそこまで大差はありません。**図表3-2**のように、大部分が重なっている感じです。

図表3-3

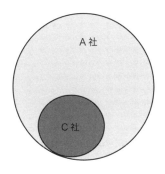

　大手支援機関（A社）と小規模支援機関（C社）では**図表3-3**のようにC社の所有する情報は全てA社も所有しているということもあります。

　このように、複数の支援機関に依頼しても候補先が格段に増えるわけでもないですし、譲渡会社は複数の支援機関をコントロールする必要があることを考えると、非専任契約はあまりメリットが無いと思います。

②　仲介かFAか

支援機関が譲渡側、買収側双方から手数料を受領する仲介型の支援

が「仲介は利益相反ではないか？」と批判されることがあります。支援機関は譲渡側との関わりは1回だけ（譲渡したら終わり）に対して買収側との関りは継続するので、支援機関は今後も付き合いが継続する買収側に有利になるような交渉をするのではないか、ということです。その点、FA（Financial Adviser）は依頼者の利益を最大にするために交渉してくれるので、仲介ではなくFAが良いという人もいます。

　仲介、FAそれぞれメリットデメリットはあります。中小企業庁が作成した中小M&Aガイドラインには**図表3-4**のようにまとめられています。

図表3-4

形態	業務内容	特徴	活用するのに適するケース
仲介者	譲り渡し側・譲り受け側の双方と契約を締結する。	譲り渡し側・譲り受け側の双方の事業内容が分かるため、両当事者の意思疎通が容易となり、中小M&Aの実行に向けて円滑な手続が期待できる。	・譲り渡し側が譲渡額の最大化だけを重視するのではなく、譲り受け側とのコミュニケーションを重視して円滑に手続きを進めることを意図する場合 ・譲り渡し側の事業規模が小さく、支援機関に対して単独で手数料を支払うだけの余力が少ないが、できるだけ支援機関のフルサービスを受けたい場合
FA	譲り渡し側・譲り受け側の一方と契約を締結する。契約者の意向を踏まえ、契約者に対し踏み込んだ助言・指導等まで行うことが多い。	一方当事者のみと契約を締結しており、契約者の利益に忠実な助言・指導等を期待しやすい。	・譲り渡し側が譲渡額の最大化を特に重視し、厳格な入札方式（最も有利な条件を示した入札者を譲り受け側とする方式）による譲り渡しを希望する場合（例えば、債務整理手続を要する債務超過企業のM&Aの場合等） ・このような手続を実施するための費用負担がある場合（特に、規模が比較的大きいM&Aの場合）

　大企業のM&AはFA型の支援、中小企業のM&Aは仲介型の支援が適していると説明しています。大企業（特に上場会社）は株主が多数存在するので、FA型の支援で株主の利益最大化を図らないと株

主への説明責任が果たせない（利害関係者が多い）です。一方、中小企業（非上場会社）では株主は少数ですので株主が納得すればFAであろうが仲介だろうが問題にはならないです（利害関係者が少ないため）。

　また、売手のFAと買手のFAがお互い利益最大化を主張するだけでは結局交渉が成立しないことになります。交渉が成立しないと利益も何もありませんので、売手買手のFA同士で落としどころを探ることになります。最終的には仲介と同じような交渉を行うことになるのです。

　さらに、支援機関はM&Aの売買価格が高いほど支援機関が受領する手数料が高くなりますので、どちらかというと売手と支援機関は同じベクトルを向いている（株価を高くしたい）はずです。その前提で、交渉を成立さるために条件を交渉するので、決して買手有利の交渉をしているとは思えません。

　先ほど「支援機関は譲渡側との関わりは1回だけ（譲渡したら終わり）に対して買収側との関りは継続するので、支援機関は今後も付き合いが継続する買収側に有利になるような交渉をするのではないか」という批判があると書きましたが、これは支援機関が売手に対する説明不足によるものか、支援機関が(2)の売手の意思決定の際に提示した株価が実現困難な株価であったことによるものと考えます。特に後者は問題です。支援機関がどうしても受託したいがために無茶な株価を提示し、受託はできたものの、その株価では相手が見つからずに最終的には当初予定していた株価から大幅に下がってしまうということです。このようなことが行われてしまうと売手からすると上記のような疑念を抱くのは当然です。売手は、支援機関から株価の説明を受けた時や最終的に株価が大幅に下がった時は納得がいくまで支援機関に説明を求めることが大切です。

（4）　交渉の流れ

①　候補先へ提案

支援機関が買収候補先に買収の提案をする際には必ず「秘密保持」（CA：Confidentiality Agreement または NDA：Non-Disclosure Agreement）を交わした上で行います。情報の漏洩があると M&A が頓挫してしまうためです。

②　候補先が意向表明書を作成

支援機関からの提案を受け、候補先が話を進めたいと決断した場合、候補先は意向表明書（LOI：Letter Of Intent）を作成します。意向表明書には候補先が現時点で受領している情報を元に検討した条件（買収金額など）を記載します。意向表明書に法的拘束力はありません。

③　独占交渉権付与

意向表明書が複数の候補先が作成しましたら、売手はその複数の意向表明書を確認した上で、独占的に交渉する候補先を1社に絞ります。1社に絞る前に候補先とトップ同士の面談も行います。

④　基本合意の締結

売手と、売手が独占交渉権を付与した候補先との間で基本合意（MOU：Memorandum Of Understanding または LOI：Letter Of Intent[※]）を締結します。基本合意には買収金額だけでなく、最終契約締結までに確定させる諸々の条件等も記載します。時間的制約があるなどの理由で基本合意の締結を省略する場合がありますが、多くの条件をしっかりと交渉し確定させた上で基本合意を締結するほうが最終契約締結の確度が高まりますので、特段の理由が無い限り基本合意は締結したほうが良いです。

※M&A業界は何故か横文字で会話することが多いですが、LOIは意向表明書と基本合意の2つの意味で用いられるので注意が必要です。私はかつてFAとして交渉した際に、LOIの解釈で相手のFAと会話が全くかみ

合わなかったことがありました。

⑤ 買収監査の実施

基本合意を締結した後、候補先が売手に対して買収監査（デューデリジェンス（DD：Due Diligence））を行います。買収監査は売手の規模や業種、取引の複雑さ等々を考慮した上で財務・税務・法務・労務・ビジネス（事業）の実態を調査します。買収監査の費用は候補先が負担します。買収監査をどこまで念入りに行うかによりますが、簡易な買収監査だと100万円ほど、徹底的に買収監査を行うと数千万のコストになることがあります。

⑥ 最終契約の締結

基本合意時に確定しなかった条件の交渉やデューデリジェンスの結果を踏まえた最終的な条件の交渉を行います。全ての条件が確定したら最終契約（DA：Definitive Agreement）を締結します。

⑦ M&A後

最終契約が締結されて契約に基づく決済が行われたらM&Aは終わり、ではありません。買手にとってM&Aはあくまでスタート地点です。買収した会社との統合作業（PMI：Post-Merger Integration）が失敗してしまうと、M&Aの効果が薄れてしまいます。

② 株価算定方法

　M&Aは株式の売買なので、株式価額（株価）は非常に重要な要素です。売り手、買い手の間で株価が折り合えば、M&Aの交渉の多くが完了したといっても過言ではありません。ではM&Aにおける株価はどのように算定されるのでしょうか。

　税理士の方々に馴染みがある株価といえば相続税評価額であるかと思います。しかしM&Aにおける株価は相続税評価額とは異なります。相続税評価額は後継者に承継するためにできるだけ低い価格になるように算定するでしょうが、M&Aにおける株価は第三者に売却することから少しでも高い価格になるように算定することになります。

　一方、買い手は株式を少しでも低い価格で買収したいと考えます。したがって、売り手・買い手が自らの立場で算定した株価は必ず差額が生じます。その差額を調整するのが支援機関の仕事です。

図表3-5

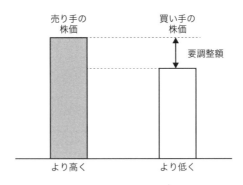

　売り手の考える株価と買い手の考える株価に差が生じるとはいえ、ある程度の基準となるような金額が無いと交渉もできません。中小企業のM&Aでよく用いられる株価算定方法をいくつか紹介します。

　ただ、一つご注意いただきたいのは、M&Aの株価算定方法につい

てはいずれも法律などで定められたものではないということです。い
くつかの株価算定方法で算定した株価で必ず譲渡できる、または買収
できるわけではありません。あくまで基準となる金額であり、交渉の
過程で当然に増減します。

　前章でも触れましたが、支援機関が案件を受託したいがために相当
無理をして高い株価を提示し、気を良くした売り手が支援機関に依頼
するものの、結局その株価から大幅に下がった金額でしか譲渡できな
かったという例もあります。

　法律などで算定方法が定められているわけではないので上記につい
て問題はありません。ただ、「支援機関に騙された」と感じてしまう
売り手がいるかもしれません。支援機関に株価の算定をしてもらった
ら、その算定根拠も確認するのが良いでしょう。

(1) 年買法

　年買法とは、営業利益の何年分かを「のれん」(営業権)と考え、
譲渡企業の時価純資産の金額にのれんの金額を加算した金額を株価と
する算定方法です。

図表3-6　イメージ図

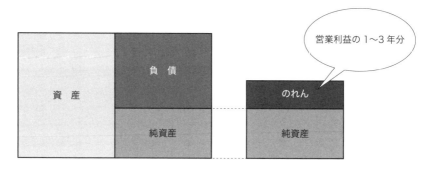

　図表3-6にあるのれんは企業の超過収益力で、営業利益の1〜3年分とすることが多いように思います。のれんの算定で用いる営業利益は帳簿上の営業利益ではなく、例えば以下のような修正を反映させた後の営業利益です。

役員報酬が他社と比べ過大であれば適正な報酬額に修正する

交際費が過大であれば適正な金額に修正する

減価償却費を計上していない場合は計上する

M&Aの際に退任予定の役員に対する保険料は計上しない

　また、「時価純資産」というのは、帳簿上の純資産金額ではなくM&Aを行うにあたり修正が必要であれば修正した後の純資産金額です。純資産の修正の例としては、以下のようなものがあります。

貸倒リスクがある債権がある場合は貸倒引当金を適切に計上する

帳簿上の金額と時価がかけ離れていたら含み損益を反映させる

保険積立金は解約返戻金の金額に調整する

従業員退職金制度がある場合は退職給付引当金が計上する

簿外債務があれば計上する

※営業利益も純資産も、実際に帳簿金額を修正等するわけではありません。
　あくまで株価を算定する際に考慮するだけです。

　上記のなかで、含み損益をどこまで反映させるかということが問題になることがあります。例えば含み益がある土地の上に工場が建っている場合です。譲渡する側は含み益を全額考慮するのが当然と思うでしょうが、一方で買収する側は含み益は土地を売却した時に実現する利益であり、事業用に使用している土地では考慮しないと考えることがあります。仮に含み益を考慮するにしても、土地の上に建っている工場を取り壊して更地にするためのコストや含み益にかかる税金分は

控除すると主張するかもしれません。譲渡側の主張と買収側の主張が一致することはなく、交渉が必要になります。

　年買法はシンプルで分かりやすいので中小企業のM&Aで用いられることが多いですが、理論的ではないですし上記のように色々と検討しなくてはならないので案外手間がかかる算定方法です。少なくとも企業の将来性は殆ど反映していないので、スタートアップ企業には適さない方法といえます。

(2)　マルチプル法

　マルチプル法とは、株価を算定する対象企業に類似する上場会社の株価等を基に評価倍率を算定し、その評価倍率を用いて対象会社の株価を算定する方法です。計算式は以下の通りとなります。

【計算式】

株価＝EV＋現預金－有利子負債

EV：企業価値（Enterprise Value）

EV＝EBITDA × EV / EBITDA倍率

EBITDA＝経常利益＋支払利息＋減価償却費＋その他償却費

　　　　　≒営業利益＋減価償却費＋その他償却費

(Earnings Before Interest, Taxes, Depreciation, and Amortization)

　　利益　　　　利息　税金　減価償却費　その他償却費

EV/EBITDA倍率：業種により異なる

　EBITDA（いくつか呼び方はありますが、例えば「イービットディーエー」と呼びます）に倍率を乗じたのが企業価値（事業価値）で、その企業価値に対象会社にある現預金を加算し、有利子負債を減算した金額が株価となります。

　EV/EBITDA倍率は対象会社と類似する上場会社数社の株価等を用いて算定しますが、ここで大きな問題が生じます。対象会社（非上場会社を想定しています）と完全に類似する上場会社を選定するのが難しいということです。非上場会社に比べ上場会社が手掛ける事業は多岐にわたるので、手掛けている事業が完全に一致するというケースは少ないです。

　また、仮に類似する上場会社があったとして、上場会社の評価倍率をそのまま使用して良いかという問題も生じます。そのため、上記で求めたEVを0.7〜0.8倍することがあります。これを非流動性ディスカウントといいます（非上場会社の株式は上場会社株式のようにすぐに換金できないというリスクを反映させるということ）。

　なお、EBITDAは簡便的に表すと営業利益に減価償却費を加算した指標ですが、これは営業キャッシュフローであるといえます。

　上記の「**株価＝EBITDA×倍率＋現預金－有利子負債**」という式を少し変形すると、「EBITDA×倍率＝株価－現預金＋有利子負債」という式になります（算数的発想です）。

　この式の左側の「EBITDA×倍率」のEBITDAを営業キャッシュフロー、倍率を年数と読み替えると、「対象会社がある年数で生み出す営業キャッシュフローの金額」を表します。

EBITDA×倍率＝対象会社がある年数で生み出すキャッシュフロー

　一方、この式の右側の「株価－現預金＋有利子負債」ですが、株価を実際の投資額と考えた場合、対象会社に現預金があれば実際の投資額より買手の負担は減りますし、一方で有利子負債があれば実際の投資額より買手の負担が増えます。つまりこの式の右側は「買手の実際の投資の負担額」を表すといえます。

> 株価－現預金＋有利子負債＝買手の実際の投資の負担額

説明が下手で分かりづらかったかもしれませんが、要はマルチプル法の式を変形すると以下のようになるということです。

> ある年数で生み出す営業キャッシュフロー＝買手の実際の投資の負担額

つまり、買手が投資回収を何年で考えているかで倍率が決まることがあるということです。VC（ベンチャーキャピタル）は一般的に投資回収を4年や5年と考えているので、マルチプル法の倍率を（業種問わず）4〜5倍で提示してくることが多いように思います。

ですので、マルチプル法の倍率は一般的に何倍なのか?と聞かれたら「4〜5倍」と回答しておけば大外れはないでしょう。

(3) DCF法

DCF（Discount Cash Flow）法とは、対象会社から将来生じるキャッシュフローを現在の価値に割り引いて株式価額を求める方法です。将来生じるキャッシュフローをベースに株価を算定する方法なので、将来性を加味するには最も適した方法です。上場会社のM&AにおいてDCF法で求めた株価が一つの根拠となっていることが多いです。

しかし一方で、DCF法は非常に恣意性が高い方法です。なぜ恣意性が高いかというと、将来生じるキャッシュフローも、現在の価値に割り引くための割合（割引率）のどちらも恣意性が介入するからです。

将来生じるキャッシュフローは、会社が作成する中期事業計画（3年〜5年）の数値を用いて算定します。上場会社は事業計画を公表し

ていて、その計画通り（または計画以上）の利益の獲得を多数の株主から求められているので、必然的に上場会社の事業計画は精度が高いといえます。

　一方、中小企業では事業計画を基本的に公表していません。銀行に提出が求められる際に作成している程度でしょうか。上場会社に比べると、中小企業では事業計画通り（またはそれ以上）の業績をコミットする必要性があまりないため、中小企業の事業計画は精度が低いことが多いです。中小企業の精度の低い事業計画に基づいて算定する将来生じるキャッシュフローも必然的に精度が低くなります。また、割引率についても次頁以降で説明するように恣意性が高いものです。つまりDCF法で算定した中小企業の株価は精度が低いため、その株価を元に交渉するのは難しいです。

　ただ、精度の高い事業計画に沿って経営し、予実分析も行っているような中小企業であれば、DCF法による算定もありかもしれません。

　参考までに次の頁以降にDCF法での株価算定方法について簡単に触れています。

〈参考〉DCF法での株価算定方法

【FCFの算定】

① 1～5年目までのフリーキャッシュフロー（FCF）の割引現在価値を見積もります。FCFの算定方法は以下の通りです。

FCF＝営業利益×（1－税率）＋減価償却費－投資－運転資金増加額[※]

※売上債権と棚卸資産の合計額から仕入債務を控除した金額

　通常、5年目までは事業計画で予測可能ということで、5年目までのFCFを見積もります。FCFを見積もりましたら、各年度のFCFを現在価値に割り引いていきます。割引率をrとすると、1年目～5年目のFCFは以下のようになります。

1年目のFCF（FCF1）の割引現在価値　　$FCF1 \div (1+r)$
2年目のFCF（FCF2）の割引現在価値　　$FCF2 \div (1+r)^2$
3年目のFCF（FCF3）の割引現在価値　　$FCF3 \div (1+r)^3$
4年目のFCF（FCF4）の割引現在価値　　$FCF4 \div (1+r)^4$
5年目のFCF（FCF5）の割引現在価値　　$FCF5 \div (1+r)^5$

② 6年目以降のFCF（ターミナルバリュー）の割引現在価値を見積もります。6年目以降は予測不可能ということで、ターミナルバリューは、一定の成長率でFCFが増加し続けるものと仮定して求めます。

ターミナルバリュー（TV）＝予測最終年度のFCF÷（割引率－永久成長率[※]）

※保守的に0%～1%で設定することが多いです

　ターミナルバリューを予測最終年度のFCFと合算した上で割引現在価値を求めます。まとめると以下のようになります。

$$FCFの割引現在価値合計＝FCF1 \div (1+r) + FCF2 \div (1+r)^2 + FCF3 \div (1+r)^3 + FCF4 \div (1+r)^4 + (FCF5+TV) \div (1+r)^5$$

【割引率の算定】

DCF法では将来キャッシュフローを割り引く割引率としてWACC（Weighted Average Cost of Capital：加重平均資本コスト）を用います。

$$WACC = [rE \times E / (D+E)] + [rD \times (1-T) \times D / (D+E)]$$

rE　株主資本コスト

rD　負債コスト

D　有利子負債の額（時価）

E　株主資本の額（時価）

T　実効税率

株主資本コストとは、株主資本を調達するのに必要なコストです。株主の立場から見ると株主資本から生み出す利益率を表しています。その利益率を求めるのがCAPM（capital asset pricing model：資本資産価格モデル）と呼ばれる方式です。

$$株主資本コスト（rE）＝ リスクフリーレート ＋ \beta \times リスクプレミアム$$

各指標の意味は以下の通りです。

【リスクフリーレート】

無リスク資産から得ることのできる利回り（通常10年物国債の利回りを用います）

【β値】

資産のリスクの尺度で、例えばTOPIXのようなマーケット・ポート

フォリオと個別銘柄のリターンの相関関係（TOPIXが1%変動したら個別銘柄はどのくらい変動するか）を表します。

【リスクプレミアム】

　対象の株式に対する期待利益率で、マーケット・ポートフォリオの利回り実績とリスクフリーレートの差で求めます。

　ここで、株主資本コストを求める際に使用するβ値とリスクプレミアムが問題になります。β値もリスクプレミアムも将来の数値を求めるのは不可能ですので既存の（過去の）数値を参考にするしかありません。結局、β値とリスクプレミアムを算定するのに使用する過去の数値の選定の際に恣意性が介入することになります。

　中小企業のM&Aの株価算定で主に用いられる方法を3つ紹介しましたが、どの算定方法でも一長一短ありますし、どの算定方法でも恣意性が介入しております。

　ただ、何度も申しているようにこれらの方法で算定した株価はあくまで交渉の際の基準となる金額でしかないということはご認識しておいてください。

（4） 株価算定の練習問題

① 貸借対照表

図表 3-7

資産の部	X	負債の部	X
流動資産	104,919,152	流動負債	36,821,447
現金及び預金	59,944,214	支払手形	12,089,459
受取手形	17,849,274	未払金	9,993,136
売掛金	9,638,144	未払費用	2,583,852
商品	9,853,000	未払法人税等	4,497,700
部品および材料	1,846,897	未払消費税等	1,418,800
前払費用	424,945	預り金	130,500
預け金	805,763	一年内返済長期借入金	6,108,000
その他流動資産	4,774,915		
貸倒引当金	-218,000		
固定資産	222,089,323	固定負債	15,748,000
有形固定資産	36,104,041	長期借入金	15,748,000
建物	861,061	退職給付引当金	
建物付属設備	3		
機械装置	5	負債の部合計	52,569,447
車輌運搬具	1,873,142		
工具器具備品	582,518		
土地	32,585,867	純資産の部	X
その他有形固定資産	201,445	株主資本	274,439,018
無形固定資産	86,042	資本金	10,000,000
電話加入権	86,042	資本金	10,000,000
		利益剰余金	264,439,018
		利益準備金	250,000
投資その他の資産	185,899,240	その他利益剰余金	264,189,018
投資有価証券	185,871,440	別途積立金	100,000,000
出資金	6,000	繰越利益剰余金	164,189,018
預託金	21,800		
		純資産の部合計	274,439,018
資産の部合計	327,008,475	負債・純資産の部合計	327,008,465

〈修正事項〉
① 電話加入権は資産価値が無いのでゼロとします
② 投資有価証券のうち160百万円は売却可能（売却益ゼロ）とします
③ 退職給付引当金を新規で5百万円計上します

〈補足〉

多くの会社で電話加入権が計上されていますが、資産価値は無いものとして扱うことが通常です。

多くの中小企業は税務会計で貸借対照表を作成しているので、従業員の退職給付引当金を計上している中小企業は少ないように思います（退職給付引当金は税務上認められていないため）。ただ、株価算定を行うにあたり退職給付引当金を考慮する必要があります。

また、今回の修正事項では考慮していませんが、投資有価証券を時価評価した際に含み益があるケースは以下のような修正をします。

（投資有価証券）	100	（繰越利益剰余金）	70
		（繰延税金負債）	30

含み益が100の場合、含み益に対する法人税等（実効税率30%と仮定）が30かかるので、差引70が純資産に計上されます。

上記3つの修正事項を反映させた貸借対照表は**図表3-8**です。

図表3-8

資産の部	X	修正額	X（修正後）
流動資産	104,919,152	160,000,000	264,919,152
現金及び預金	59,944,214	160,000,000	219,944,214
受取手形	17,849,274		17,849,274
売掛金	9,638,144		9,638,144
商品	9,853,000		9,853,000
部品および材料	1,846,897		1,846,897
前払費用	424,945		424,945
預け金	805,763		805,763
その他流動資産	4,774,915		4,774,915
貸倒引当金	-218,000		-218,000
固定資産	222,089,323	-160,086,042	62,003,281
有形固定資産	36,104,041	0	36,104,041
建物	861,061		861,061
建物付属設備	3		3
機械装置	5		5
車輌運搬具	1,873,142		1,873,142
工具器具備品	582,518		582,518
土地	32,585,867		32,585,867
その他有形固定資産	201,445		201,445
無形固定資産	86,042	-86,042	0
電話加入権	86,042	-86,042	0
投資その他の資産	185,899,240	-160,000,000	25,899,240
投資有価証券	185,871,440	-160,000,000	25,871,440
出資金	6,000		6,000
預託金	21,800		21,800
資産の部合計	327,008,475	-86,042	326,922,433

負債の部	X	修正額	X（修正後）
流動負債	36,821,447	0	36,821,447
支払手形	12,089,459		12,089,459
未払金	9,993,136		9,993,136
未払費用	2,583,852		2,583,852
未払法人税等	4,497,700		4,497,700
未払消費税等	1,418,800		1,418,800
預り金	130,500		130,500
一年内返済長期借入金	6,108,000		6,108,000
固定負債	15,748,000	5,000,000	20,748,000
長期借入金	15,748,000		15,748,000
退職給付引当金		5,000,000	5,000,000
負債の部合計	52,569,447	5,000,000	57,569,447

純資産の部	X	修正額	X（修正後）
株主資本	274,439,018	-5,086,042	269,352,976
資本金	10,000,000	0	10,000,000
資本金	10,000,000		10,000,000
利益剰余金	264,439,018	-5,086,042	259,352,976
利益準備金	250,000		250,000
その他利益剰余金	264,189,018	-5,086,042	259,102,976
別途積立金	100,000,000		100,000,000
繰越利益剰余金	164,189,018	-5,086,042	159,102,976
純資産の部合計	274,439,018	-5,086,042	269,352,976
負債・純資産の部合計	327,008,465	-86,042	316,922,423

② **損益計算書**

図表3-9

科目		X
売上高		119,386,722
	売上高	120,241,900
	売上値引	-855,178
売上原価		47,699,803
	期首商品棚卸高	3,812,339
	仕入高	56,251,561
	合計	60,063,900
	期末商品棚卸高	12,364,097
売上総利益		71,686,919
	販売費および一般管理費	67,839,965
	役員報酬	12,900,000
	給与手当	19,110,599
	賞与	1,810,000
	法定福利費	3,039,831
	福利厚生費	1,014,597
	外注費	1,467,371
	旅費交通費	341,710
	通信費	951,043
	交際費	1,151,455
	減価償却費	4,811,178
	地代家賃	1,863,048
	保険料	5,937,349
	修繕費	725,576
	水道光熱費	969,934
	燃料費	1,221,643
	消耗品費	1,248,201
	租税公課	5,226,856
	運賃	1,154,520
	事務用品費	220,340
	広告宣伝費	84,042
	支払手数料	210,290
	諸会費	283,920
	新聞図書費	78,223
	顧問料	1,266,276
	雑費	751,963
営業利益		3,846,954

〈修正事項〉
① 役員報酬12百万円のうち４百万円は削減可能
② 保険料のうち４百万円は削減可能

　M&Aで退任する役員に対する役員報酬はM&A後は発生しないので減少します（つまり営業利益が増加します）。ただ、M&A後に買い手が新たに役員を送りこむものと考えると役員報酬を追加で計上する必要があります。今回の修正事項では、既存の役員は全員退任する（△12百万円）代わりに買い手が役員を１名送り込む（＋８百万円と仮定しています）と仮定し、差引４百万円の減少となります。

　また、保険料のうちM&Aで退任する役員への保険はM&A後は発生しないので減少することができます。今回の修正事項では４百万円が退任予定の役員の生命保険であるとしています。

　上記２つの修正事項を反映させた損益計算書は**図表3-10**です。

図表3-10

科目	X	X + 1	X + 2
売上高	119,386,722	0	119,386,722
売上高	120,241,900		120,241,900
売上値引	-855,178		-855,178
売上原価	47,699,803	0	47,699,803
期首商品棚卸高	3,812,339		3,812,339
仕入高	56,251,561		56,251,561
合計	60,063,900	0	60,063,900
期末商品棚卸高	12,364,097		12,364,097
売上総利益	71,686,919	0	71,686,919
販売費および一般管理費	67,839,965	-8,000,000	59,839,965
役員報酬	12,900,000	-4,000,000	8,900,000
給与手当	19,110,599		19,110,599
賞与	1,810,000		1,810,000
法定福利費	3,039,831		3,039,831
福利厚生費	1,014,597		1,014,597
外注費	1,467,371		1,467,371
旅費交通費	341,710		341,710
通信費	951,043		951,043
交際費	1,151,455		1,151,455
減価償却費	4,811,178		4,811,178
地代家賃	1,863,048		1,863,048
保険料	5,937,349	-4,000,000	1,937,349
修繕費	725,576		725,576
水道光熱費	969,934		969,934
燃料費	1,221,643		1,221,643
消耗品費	1,248,201		1,248,201
租税公課	5,226,856		5,226,856
運賃	1,154,520		1,154,520
事務用品費	220,340		220,340
広告宣伝費	84,042		84,042
支払手数料	210,290		210,290
諸会費	283,920		283,920
新聞図書費	78,223		78,223
顧問料	1,266,276		1,266,276
雑費	751,963		751,963
営業利益	3,846,954	8,000,000	11,846,954

③ 数値の入力

　上記の修正後の貸借対照表、損益計算書を用いて以下に書き込んでください。

図表3-11

①年買法

項目	金額（or 数値）
純資産	
修正営業利益	
帳簿上の営業利益	
修正額	
のれん （修正営業利益2年分）	
株価	

②マルチプル法

項目	金額（or 数値）
EBITDA（営＋償）	
EV/EBITDA倍率	
EV（企業価値）	
現金及び預金	
有利子負債	
株価	

④ 数値の入力（答え合わせ）

答えは以下のようになります。

図表3-12

①年買法

項目	金額（or 数値）
純資産	269,352,976
	（簿価純資産274M－退職給付引当金5M）
修正営業利益	11,846,954
帳簿上の営業利益	3,846,954
修正額	8,000,000
	（役員報酬4M＋保険4M）
のれん（修正営業利益2年分）	23,693,908
株価	293,046,884
	（純資産269M＋のれん23M）

②マルチプル法

項目	金額（or 数値）
EBITDA（営＋償）	16,658,132
	（修正営業利益11.8M＋減価償却費4.8M）
EV/EBITDA倍率	5
EV（企業価値）	83,290,660
	（E BITDA×5）
現金及び預金	219,944,214
有利子負債	21,856,000
株価	281,378,874
	（EV＋現金及び預金－有利子負債）

③ M&Aにかかるコスト

　M&Aの売り手及び買い手が支援機関に支払う手数料について、いくつかの料金体系がありますので、簡単に説明します。

（1）着手金

　売り手及び買い手が支援機関と仲介依頼契約またはFA契約を締結した際に着手金を支払うことがあります。支援機関ごとに金額の設定をしているのですが、M&Aの規模に応じて100万円～300万円となることが多いようです。支援機関によっては着手金を請求しない場合もあります。また、着手金を成約報酬に含める（内金にする）支援機関もあれば、成約報酬には含めない支援機関もあります。

（2）中間金（基本合意報酬）

　売り手・買い手が基本合意を締結した時点で、中間金（基本合意報酬）を支援機関に支払うことがあります。中間金も支援機関ごとに金額を設定していますし、中間金を成約報酬に含めるか否かも支援機関ごとに異なります。

（3）成約報酬

　売り手・買い手が最終契約を締結し最終契約に基づいて決済が行われた際に売り手・買い手は支援機関に成約報酬を支払います。成約報酬はどの支援機関でも基本的にレーマン方式と呼ばれる報酬体系で算定します。

【レーマン方式】

基準となる金額が5億円以下の部分	5%
基準となる金額が5億円超10億円以下の部分	4%
基準となる金額が10億円超50億円以下の部分	3%
基準となる金額が50億円超100億円以下の部分	2%
基準となる金額が100億円超の部分	1%

　レーマン方式による報酬の算定は上記の通りとなっています。例えば、基準となる金額が7億円であった場合を考えます。

5億円以下の部分	5億円×5%＝2,500万円
5億円超10億円以下の部分	2億円×4%＝800万円

　上記の例ですと、2,500万円＋800万円=3,300万円が成約報酬となります。

　各支援機関は基本的にレーマン方式を使って成約報酬を算定すると書きましたが、支援機関ごとに異なるものが2つあります。それは、基準となる金額と最低報酬金額です。

①　基準となる金額

　上記で定められているレーマン方式の割合はどの支援機関も変わらないのですが、その割合を乗じる「基準となる金額」は支援機関ごとに変わります。主な考え方は2つなのでどちらも簡単に説明します。

　一つは譲渡（または買収）した金額を基準とするケースです。譲渡（または買収）の対価に対して報酬を支払うという考え方です。

図表3-13

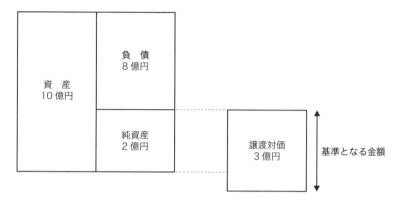

図表**3-13**の例ですと基準となる金額は3億円となります。レーマン方式に当てはめると、成約報酬は

　　3億円×5%=1,500万円

となります。

　もう一つは譲渡（または買収）した会社にある総資産金額を基準とするケースです。会社の経営に必要な資産の総額に対して報酬を支払うという考え方です。

図表3-14

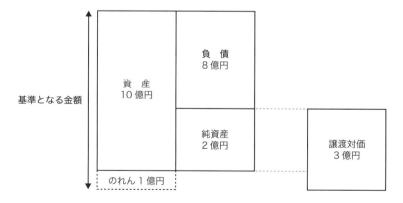

　先ほどの例で総資産金額を基準とすると、基準となる金額は資産10億円にのれん（譲渡対価−純資産）1億円を加算した11億円が基準となる金額です。レーマン方式に当てはめると、成約報酬は

　　5億円×5％＋5億円×4％＋1億円×3％=4,800万円

となります。

②　最低報酬金額

　譲渡対価や総資産金額の多寡に関わらず、支援機関が定める最低報酬金額です。例えばレーマン方式で算定した成約報酬が1,500万円であったとしても、支援機関が定める最低報酬金額が2,000万円であったら、成約報酬は2,000万円となります。仮にレーマン方式により算定した成約報酬が最低報酬金額に達していなくても、ある程度の規模の会社であれば納得するかもしれません。しかし、規模が小さい会社であればどうでしょう。仮に譲渡対価1億円の場合はレーマン方式による成約報酬は500万円（1億円×5％）ですが、最低報酬金額が2,000万円であれば成約報酬は2,000万円となります。譲渡対価1億円に対して成約報酬が2,000万円となりますので、譲渡した株主からするとせっかくM&Aが成約したのに成約報酬が譲渡対価に占める割合が大きいと感じることもあると思います。

　ちなみに最低報酬金額ですが、メガバンクや大手のM&A仲介会社だと2,000万円〜2,500万円と設定しています。地方銀行、信用金庫や新規にM&A仲介業に参入した支援機関は最低報酬金額を1,000万円以下に設定していますし、中には最低報酬金額を一切定めていない支援機関もあります。ただ、最低報酬の多寡はサービスにも影響しています。メガバンクや大手のM&A仲介会社ですと全国に営業所を構えているので、会社を譲渡したい人としては、大手の支援機関は良い買い手を全国的に探索してくれるので、最低報酬金額が高くてもありがたいと思う場合もあります。要は、会社の規模や受けたいサービスの内容に応じて、どの支援機関に依頼するかを決める必要があるということです。

図表3-15　M&Aの案件規模と主な支援機関（イメージ）

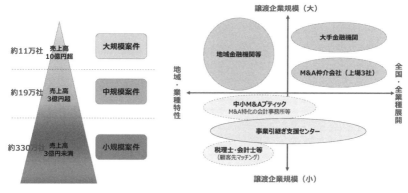

（中小企業庁 事務局説明資料）

　図表3-15のデータは、中小企業庁が2020年に公表した資料の抜粋ですが、やはり会社の規模に応じて支援機関を選定することを記載しています。

⑷　マッチングサイトという選択

　最近、色んな企業、それこそM&Aに関係のない企業もM&Aマッチングサイトに参入しています。税理士会では「担い手探しナビ」という税理士同士でM&Aをマッチングさせる場を提供しています。金融機関やM&A仲介会社が手掛けない超小規模案件の成約が多いです。マッチングサイトの成果が出ているので、今後さらに利用者が増加しサイトの機能も充実していくことになるでしょう。

　マッチングサイトへの参入が増えているのはそれだけニーズがあるからです。上記で書いた通り、金融機関やM&A仲介会社は超小規模案件を手掛けることは稀である一方、案件数は超小規模案件の方が圧倒的に多いため、M&Aでマッチングしてほしいという需要過多に

なっているのが現状です。

　では今後、マッチングサイトが金融機関やM&A仲介会社に取って代わるかというと、個人的にはそれは恐らく難しいと思っています。超小型案件は主に「親族のみで経営、拠点は1拠点、単一事業」という会社ですが、そのような会社であればマッチングサイトで完結できます。

　しかし、従業員数や拠点数が増えると会社を取り巻く利害関係者が増えます。マッチングサイトの機能がどれだけ向上しても、経営者だけの判断で決められないことも多くなりますので、支援機関のサービス提供が必要になってきます。

　顧客から事業承継についての相談を受けることが多い税理士事務所としても、「M&Aは自分には関係ない」と考えずにM&Aの支援機関やマッチングサイトと積極的に付き合っていく姿勢が必要になります。顧客からM&Aについて相談を受けた際に積極的にアドバイスするのか、または知らぬふりをするのかで税理士事務所としての信頼に差が生まれてくることになります。ただ、税理士事務所でM&Aの全ての手続を完結させるのは難しいので、支援機関やマッチングサイトを上手く利用して顧客の悩みを解決してあげてください。

4 中小M&A推進計画について

2021年4月28日に中小企業庁が公表した「中小M&A推進計画」について触れるとともに、いくつかの項目について掘り下げます。

図表3-16

中小企業の経営資源集約化等に関する検討会
取りまとめ

～中小M&A推進計画～

2021 年 4 月 28 日
中小企業庁

（中小M&A推進計画）

(1) 中小M&A推進計画策定の趣旨

『中小・小規模事業者（個人事業主を含む。以下「中小企業」という。）において、経営者の高齢化に伴って後継者不在の問題が経営上の課題として強く認識されているところ、事業承継の一つの手段として、M&Aによって第三者による事業承継も円滑に行うため、例えば2017年7月に「事業承継5ヶ年計画」を、2019年12月に「第三者承

継支援総合パッケージ」を策定するなど、政府は徐々に取組を進めてきた。その後、新型コロナウイルス感染症（以下「感染症」という。）が発生し、2020年からその影響が拡大する中で、廃業件数が増加するなど中小企業の経営状況は極めて厳しい状況にあることに加えて、感染症の影響を前提とした新たな日常に対応するための事業再構築の重要性が高まっている。

こうした状況も踏まえ、経営者の高齢化や感染症の影響に対応し、中小企業の貴重な経営資源が散逸することを回避するとともに、事業再構築を含めて生産性の向上等を図るため、2020年7月に策定された「成長戦略フォローアップ」では、「中小企業・小規模事業者の生産性の向上に向け事業統合・再編を促すため、予算・税制等を含めた総合的な支援策」を示すこととされた。

これに従い、中小企業を当事者とするM&A（以下「中小M&A」という。）を円滑にかつ安心して実施できる環境を集中的に整備するとともに、今後の取組の見通しを提供するべく、2020年11月に「中小企業の経営資源集約化等に関する検討会」を設置し、検討を行ってきたところ、今回、今後5年間に実施することが求められる官民の取組を「中小M&A推進計画」として取りまとめた。』（中小M&A推進計画）

本書でもすでに記載の通り、中小企業のM&Aは後継者不在の問題を解決するための事業承継の選択肢の一つとして存在することが認識されるようになり、中小企業のM&Aの推進を政府もバックアップしていましたが、最近ではコロナウイルスの影響もあり、生産性向上のためのM&Aが注目されています。そのため、有識者で集まって中小企業のM&Aについて検討がなされ、その内容をまとめたのが中小M&A推進計画です。なお、中小M&A推進計画にはなお書きで以下のように記載されています。

『なお、本計画は、中小企業が培ってきた貴重な経営資源を将来につないでいくことが目的であり、中小企業の淘汰を目的とするものではないことは当然である。また、M&Aは事業承継を含め経営戦略実現のための手段の一つにすぎず、中小企業にM&Aを強制しようとするものではない。あくまでも譲渡側・譲受側の双方が希望する場合に円滑なM&Aを後押ししようとするものである。』（中小M&A推進計画）

もはやM&Aには身売りといった悪いイメージはなく、経営戦略実現のための手段であると認識されているということが分かります。

(2) 表明保証保険の活用

中小M&A推進計画において、中小企業のM&Aを推進していくためには、M&Aについての手続きや取引が安心して行うことができる環境整備が必要としています。その環境整備のために下記のような例示がされています。

・譲渡側における各種のリスク等を精査するために行うデューデリジェンスに係る専門家活用費用について事業承継・引継ぎ補助金によって支援を行っているほか、令和３年度税制改正においてM&Aに伴い生じ得るリスクに備える準備金の積立て等を措置する経営資源の集約化に資する税制を措置することとなったところである。
・M&Aの専門的な知識に乏しい中小企業が、弁護士等の専門家のサポートを受けられるよう、事業承継・引継ぎ支援センターは主にスポットの個別対応を行う外部専門家と連携体制を構築している。ただし、「M&Aに対応できる弁護士等の士業等専門家を十分に確保できない地域もあるのではないかという課題も指摘されている。
・M&Aにおいては、売り手側が買い手側に対して対象企業の財務や法務等に関する開示事項に虚偽が無いことを表明、保証し、売り手側が当該保証に違反した場合には、買い手側が被る損害に対して金銭的な補償を行う義務を負う、いわゆる「表明保証」を行うことが

一般的であるところ、一部の損害保険会社では、中小M&Aにおける表明保証違反による損害をカバーする表明保証保険の提供が開始されたところであり、今後の普及が期待される。

上記3つの例示のうち、上2つについてはすでに説明済ですので、最後の表明保証保険について触れたいと思います。

図表3-17 小規模・超小規模M&A向けの表明保証保険の例

国内M&A保険（東京海上日動）の概要

（1）国内M&A保険（定型タイプ）
中小規模においても活用しやすい保険料水準を実現した、中小企業のM&Aを対象とした商品。

補償金額	対象案件	補償対象となる項目
制限なし	制限なし（譲渡金額1～10億円を想定）	①対象会社の株式等、②株式に対する権利、③重要な契約、④労務、⑤訴訟・紛争、⑥計算書類、⑦公租公課等、⑧情報開示

（2）M&A Batonz
中小・零細企業や事業のリスク発見に特化した調査パッケージであるバトンズDD（簡易DD）を利用すると、追加費用なしで自動的に「M&A Batonz（ベーシック）」が付帯される。

補償金額	対象案件	補償対象となる項目
300万円	譲渡金額1億円以下を想定	財務、労務（M&A Batonz（アドバンス）は株式、税務も対象）

（※）上記の定型化された保険である「ベーシック」に加えて、ニーズに合わせて補償額等を個別にカスタマイズできる「アドバンス」も存在。

シンプル表明保証（損保ジャパン）の概要

1．シンプルでわかりやすい選べる2つの補償内容

	ベーシックプラン	ワイドプラン
対象項目	①財務諸表②会計帳簿③公租公課④人事労務	左記①～④＋⑤対象会社の株式等⑥訴訟⑦動産⑧資産⑨債権⑩契約等

2．簡易なヒアリング事項
概算保険料の見積もりに必要な書類は以下の3つのみ
①ヒアリングシート②暫定DDレポート③暫定株式譲渡契約書

3．対象となるディール（※他にも条件はあります）
①日本語で交わされる株式譲渡契約書による買収契約
②譲渡金額が5000万円～100億円以内
③DDが第三者によりなされるM&A　など

（注）本保険は現状金融機関チャネルを通しての販売のみ

【資料】各社資料より作成

（中小M&A推進計画）

M&Aにおいては様々なリスクが存在しますが、そのリスクの多くは売り手・買い手による最終契約の締結前に行われるデューデリジェンスにより表面化します。デューデリジェンス後に、その表面化したリスクを踏まえた交渉が行われ、条件が合意したら最終契約締結という流れとなります。

しかし、デューデリジェンスで全てのリスクを把握するのは困難です。なぜなら売り手と買い手には情報格差があり、買い手がリスクに気付かない可能性があるからです。また、買い手だけでなく売り手も認識していなかったリスクがある可能性もあります。

売り手の会社が、社内で使用しているパソコンに入っているソフトウェアのライセンスが人数分購入されていなかった（1名分のライセ

ンスしか取得していないのにそのライセンスで複数のパソコンにソフトを入れていた）ことがM&A後に発覚し、ソフトウェア会社から多額の請求がされたという話があります。売り手のオーナーはすでに株式を譲渡した後なので、売り手への請求は実質的には買い手の負担となります。買い手は売り手の元オーナーにその請求額について損害賠償請求をしました。

　上記の例は、売り手がリスクと認識していなかった（リスクと認識していなかったこと自体が問題ではありますが）ことで、支援機関及び買い手にその情報を伝えていなかったことが要因です。ちなみに上記の例ではソフトウェア会社からの請求について売り手が負担することで解決しました。

　このように、売り手が認識していないリスクをM&A後に負う可能性はあります。そのような時に備え、表明保証保険に加入するというのは一つの選択であると考えます。

　表明保証保険は、海外ではだいぶ前から販売されていたみたいですが、日本では最近ようやく販売されるようになりました。M&Aに対するイメージが良くなったことやM&Aの件数が増加していることを受け、保険会社としても商品開発する価値があると判断したことが要因でしょうか。

　表明保証保険は売り手をリスクから守るだけでなく、買い手にとってもメリットがあります。先ほどの例のように売り手が損害を補填してくれれば問題ないですが、売り手が素直に支払ってくれない場合も想定されます。売り手が表明保証保険に入っていればそれを回避することができますので、買い手としても売り手が表明保証保険に入っていることでより積極的に検討することができるようになります。

　最近、売り手が保険料を負担することなしに表明保証保険に加入できるというサービスが発表されたので、そのリリースを紹介します。今後もこのように保険会社各社から表明保証保険についてのリリース

が発表されていくと思われます。

図表3-18

（三井住友海上ニュースリリース）

　国としても表明保証保険を推進していく流れになっています。中小
M&A推進計画では、以下のように記載されています。

　『中小M&Aの市場が未だ黎明期である中、着実に中小M&Aを推
進していく一環として、中小M&Aのリスク低減に向けて、中小企
業による表明保証保険の活用を広く促すことが必要であることから、
2021年度から表明保証保険の市場が活性化するまでに必要な間の特
例措置として、事業承継・引継ぎ補助金（専門家活用型）の補助対象
経費に表明保証保険の保険料を含める。

　表明保証保険に関しては、損害保険会社に対して匿名性を確保した上で事故等の情報提供を求めることとし、国として、中小M&Aの実態をより正確に把握することで、必要に応じて、より安心な取引の確保に向けた検討を行う。

　なお、表明保証保険の推進は、大規模・中規模M&Aにおいても重要である。』

(3)　PEファンド活用の推進

　M&Aにおいて強い買い手（ストロングバイヤーと呼ぶことがあります）の存在は非常に重要です。M&Aの手続で最も大変なのは相手を探すことですが、強い買い手がいることでその手続きを省力化できます。

　強い買い手の候補としてプライベート・エクイティ・ファンド（PEファンド）が挙げられます。

　PEファンドは、複数の投資家から集めた資金を用いて企業への投資を行い、投資先への各分野の専門家によるハンズオン支援（例：ガバナンス強化、収益向上等）等を通じて投資先となる中小企業の付加価値を高めることで、3～5年程度経過した後に当該投資先の経営陣や他の事業会社への売却やIPO等を通じて投資回収を図ろうとします。

図表3-19　PEファンドによるハンズオン支援の取組例

主な支援内容		
成長戦略支援	業容拡大	■販路拡大、設備投資、M&A等による事業拡大支援（必要に応じ第三者割当増資の引受による資金供給）
人材支援 （育成・外部招聘）	後継経営者候補の育成・登用	■役員、幹部を後継者候補として育成・登用
	人材招聘	■業界の有力者を独自ルートや人材エージェンドを通じて、社長、経営幹部等を招聘
	人材採用	■独自ルートや人材エージェンドを通じて、採用を支援
経営管理体制 強化支援	経営企画機能強化	■オーナーのトップダウン経営から組織経営への移行 ■中期経営計画策定による目標の可視化 ■KPIの設定、各部署間の情報共有、予算実績制度の向上等
	オペレーションの改善	■事業コスト（材料仕入、製造、物流）の削減・効率化
	ガバナンス強化	■取締役会、経営会議等の会議体への参加による意思決定の高度化
	社内規定・規則の制定	■各種規定・規則の制定、権限明確化、稟議制度の導入等

資料：ソリューションデザイン

　しかし、PEファンドによる支援の実態についての理解が進んでいないこともあり、PEファンドへの抵抗感が中小企業に根強いです。また、そもそも、経営の自由度、潜在的な成長性、成長に必要な期間等について、中小企業とファンド（投資家）の間のギャップを埋められず、実際の投資まで至らないことも多いです。

　PEファンドについて理解してもらうため、中小M&A推進計画では以下のような取り組みを行うと記載しています。

> **取組①：中小企業向けファンドによる支援の取組に関する周知広報**
>
> 　中小企業が必要に応じてファンドに支援を求められるよう、ファンドによる支援の内容等について中小企業の理解を促すため、2021年度中に官民が一体となってファンドによる中小M&A支援の内容や具体的な事例を分かりやすく整理し、中小企業向けに継続して広報を行う。

取組②：中小企業経営力強化支援ファンド出資事業を通じた中小企業
**　　　　向けファンドのすそ野の拡大**

　中小企業基盤整備機構が行う中小企業経営力強化支援ファンド出資事業において、後継者不在の中小企業等を譲り受けて自ら経営者として企業の再成長を実現させようとする経営者候補（サーチャー）に対して資金等の支援を行うサーチファンドを含め、中小M&Aを支援する新たな形態や新たなプレイヤーによるファンドの組成を重点的に支援する。

　また、地域金融機関を出資者として、当該地域金融機関と連携して、地域の中小企業を重点的に支援するファンドや、後継者となる経営者候補によるマネジメント・バイアウト（MBO）を支援するファンドなど、従来のPEファンドよりも投資リターン目線は低いが、幅広い中小企業のニーズに即して中小M&Aを支援するファンドの組成を後押しするため、中小企業経営力強化支援ファンドにおいて、他の問うしかに優先分配を行うことができる。

（4）　M&A支援機関の登録制度の創設

　事業承継・引継ぎ補助金の説明の際に少し触れましたが、M&A支援機関登録制度についてもう少し紹介します。

　「事業承継・引継ぎ補助金（専門家活用型）において、M&A支援機関の活用に係る費用の補助については、予め登録されたM&A支援機関の提供する支援に係るもののみを補助対象とする」というのが本登録制度で注目すべき点です。そのため、少しでもM&A支援業務に携わる予定のある法人や個人が登録を申請しています。

　M&A支援機関の主な登録要件は**図表3-20**の通りです。

図表3-20

> **（3）主な登録要件**
> ● 中小M&A推進計画では、登録要件として「中小M&Aガイドラインの遵守を宣言すること」を規定。
>
> ● 中小M&Aガイドラインにおいて定める各事項について、その規定により求める強度が異なることを踏まえ、登録要件の取扱いに差を設けながら遵守を求めることとする（※申請フォームを通じて宣誓）。
>
> ● 中小M&Aガイドラインにおいて求められている事項については、P4及びP5を参照。
>   ・「◎」事項 ＋ 特記事項 ⇒ 規定内容そのままの遵守を求める
>   ・「○」、「△」事項   ⇒ 中小M&Aガイドラインの趣旨に則った遵守を求める

図表3-21

記載事項	該当頁	強度
1．基本姿勢		
①依頼者（顧客）の利益の最大化	51	○
②それぞれの役割に応じた適切な支援	51	△
③支援機関間の連携	51	△
2．行動指針		
（1）意思決定		
①M&Aのメリット・デメリットの説明	53	○
②取扱情報に関する善管注意義務の自覚	53	○
（2）仲介契約・FA契約の締結		
①契約の重要事項の説明（仲介・FA、専任、テール等）	53、54	◎
（3）バリュエーション（企業価値評価・事業価値評価）		
①評価手法等についての説明	54	◎
②仲介者によるDDの非実施	54	◎
③士業等専門家等の意見聴取に係る助言	54	◎
④仲介者による簡易評価についての説明	54	◎
（4）譲り受け側の選定（マッチング）		
①情報流出・漏えいに係る注意	55	○
②進捗状況の遅滞ない報告	55	△
③想定外の長期化等の場合における報酬減免等	55	△
（5）交渉		
①中小企業に寄り添った交渉サポート	55	○
②トップ面談の丁寧なサポート	55	△
③中立・公平な両当事者の利益の実現	55	○
（6）基本合意の締結		
①基本合意の締結	55	△

（注）「強度」欄について

◎ ：具体的な行動が規定されているもの。
　　（「必要」「すべき」等）

○ ：抽象的な行動が規定されているもの。
　　（「必要」「すべき」等）

△ ：訓示的な内容。
　　（「望まれる」「留意すべき」「必要に応じて」等）

・「◎」事項 ＋ 特記事項
⇒ 規定内容そのままの遵守を求める
・「○」、「△」事項
⇒ 中小M&Aガイドラインの趣旨に則った遵守を求める

図表3-22

記載事項	該当頁	強度
1．基本姿勢		
①依頼者（顧客）の利益の最大化	51	○
②それぞれの役割に応じた適切な支援	51	△
③支援機関間の連携	51	△
2．行動指針		
（1）意思決定		
①M&Aのメリット・デメリットの説明	53	○
②取扱情報に関する善管注意義務の自覚	53	○
（2）仲介契約・FA契約の締結		
①契約の重要事項の説明（仲介・FA、専任、テール等）	53、54	◎
（3）バリュエーション（企業価値評価・事業価値評価）		
①評価手法等についての説明	54	◎
②仲介者によるDDの非実施	54	◎
③士業等専門家等の意見聴取に係る助言	54	◎
④仲介者による簡易評価についての説明	54	◎
（4）譲り受け側の選定（マッチング）		
①情報流出・漏えいに係る注意	55	○
②進捗状況の遅滞ない報告	55	△
③想定外の長期化等の場合における報酬減免等	55	△
（5）交渉		
①中小企業に寄り添った交渉サポート	55	○
②トップ面談の丁寧なサポート	55	△
③中立・公平な両当事者の利益の実現	55	○
（6）基本合意の締結		
①基本合意の締結	55	△

（注）「強度」欄について

◎ ：具体的な行動が規定されているもの。
　　（「必要」「すべき」等）

○ ：抽象的な行動が規定されているもの。
　　（「必要」「すべき」等）

△ ：訓示的な内容。
　　（「望まれる」「留意すべき」「必要に応じて」等）

・「◎」事項 ＋ 特記事項
⇒ 規定内容そのままの遵守を求める
・「○」、「△」事項
⇒ 中小M&Aガイドラインの趣旨に則った遵守を求める

　そして、2021年10月15日にM&A支援機関登録の最終公表が行われました。最終公表において登録されたファイナンシャルアドバイザー（FA）及び仲介会社は全2,278件で、このうち法人が1,700件、個人事業主が578件となっています。

図表3-23　登録M&A支援機関数

図表3-24　M&A支援機関の種類別登録数

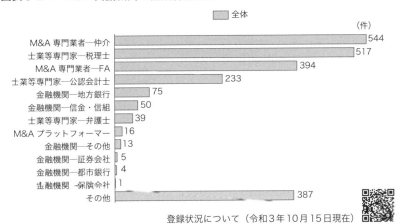

登録状況について（令和3年10月15日現在）

　M&A専門業者が仲介・FA合わせて938件で最も多いですが、士業専門家として税理士・公認会計士の合計で750件が登録されています。M&A専門業者が多いのは当然ですが、税理士・公認会計士の件数が多いのは、身近でM&Aを行った（または近い将来M&Aを行いそうな）顧客の存在が大きいのでしょう。

図表3-25 M&A支援業務専従者数別の登録件数

図表3-25のデータはM&A支援機関の専従者数を表したものですが、0〜2人が圧倒的に多いです。支援機関の大半が小規模であることが分かります。逆に、組織的にM&Aに取り組んでいる支援機関は一握りであることも分かります。

図表3-26 設立年代別登録件数

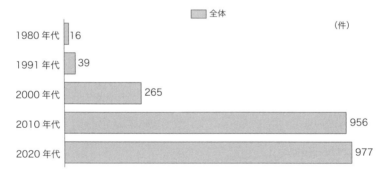

さらに、図表3-26のデータはM&A支援機関の設立年代別登録件数ですが、2020年代に設立した支援機関が最も多いです。ここ1〜2年でM&Aプレイヤーが大幅に増加したイメージではありましたが、実際に数として非常に増えていることが分かります。大手のM&A支援機関で数年従事した後に独立、または他社に転職することが頻繁に行われている業界なので、設立が浅い支援機関が多いのも納得がいき

ます。

　また、「M&A支援機関に登録している＝M&Aに精通している」ということではないということも認識しておく必要があります。M&Aを依頼する側からすると、この玉石混合のM&A支援機関の中から信頼できる支援機関を慎重に選ぶ必要があります。

　上記に記載した、登録されたFAや仲介業者による登録要件の充足を確保するため、以下の対応をとることが求められています。

・要件を充足している旨を自社HPで掲載
・要件を充足している旨を顧客に書面等で事前説明
・毎年度、実績報告を提出

　なお、登録をしたものの、特段合理的な理由なく支援実績が芳しくないなど、一定の要件に該当する場合には、登録の継続を認めないことになります。登録要件を充足しない（しなくなった）と判断される場合は、別途設置する弁護士等の第三者で構成する有識者委員会に諮った上で、登録が取り消されます。

(5) M&A仲介等に係る自主規制団体の設立

　先ほど説明した通り、M&A支援機関が急増している一方で、レベルの低いM&A支援機関によるトラブルも増加しています。このままではM&Aを検討したい人が安心してM&A支援機関に任せられないということで、自主規制団体の設立が望まれていました。中小M&A推進計画には以下のように記載されています。

　『M&A支援機関、特に利益相反が懸念されている仲介業者において、中小M&A仲介の公正・円滑な取引を促し、もって中小M&A仲介の健全な発展と中小企業の保護を図ることを目的に、中小M&Aの仲介業を営む者等を会員とする自主規制団体を2021年度中に設立す

る。そして、団体設立後は、①中小M&Aガイドラインを含む適正な取引ルールの徹底、②M&A支援人材の育成のサポート、③仲介に係る苦情相談窓口等の活動を行い、中小企業が安心して支援を受けられる環境の整備に努める。』

　そこで、（株）日本M&Aセンターを始めとしたM&A仲介上場会社5社による自主規制団体が2021年10月1日に設立されました。

図表3-27

M&A 仲介業自主規制団体「一般社団法人　M&A 仲介協会」
設立のお知らせ
〜M&A 業界の健全な発達を図り、日本国経済の発展と維持に寄与〜

　株式会社ストライク（本社：東京都千代田区/代表：荒井　邦彦/URL：https://www.strike.co.jp/）は、当社を含む M&A 仲介上場5社（株式会社日本 M&A センター※1、株式会社ストライク、M&A キャピタルパートナーズ株式会社、株式会社オンデック、名南 M&A 株式会社）が、各社の代表者を理事としてM&A 仲介業自主規制団体「一般社団法人　M&A 仲介協会」を2021年10月1日に設立したことをお知らせいたします。

M&A仲介協会
M&A Intermediaries Association

設立の背景と目的

　日本企業の後継者不在率は 65％と依然として高く、2025 年に経営者が 70 歳を超える245万社のうち、127 万社が後継者未定となり、その半数の 60 万社が黒字廃業の危機にさらされています。

　中小企業庁では、2021年4月に中小企業・小規模事業者の M&A 推進のために今後 5 年間に実施すべき官民の取り組みを「中小 M&A 推進計画」として取りまとめました。「中小 M&A 推進計画」では、同年8月より運用を開始した M&A 支援機関の新たな登録制度の創設と M&A 仲介業者による自主規制団体である本協会の設立が盛り込まれました。こうした官民の連携強化により、中小企業・小規模事業者が安心して M&A に取り組める基盤の構築が進んでいます。

　本協会は、中小 M&A ガイドラインを含む適正な取引ルールの徹底などを通じて、M&A 仲介サービスの品質向上と M&A 仲介業界全体の健全な発達を図るとともに、M&A を行う企業を支援することを目的に設立されました。

　M&A 仲介上場5社※1（株式会社日本 M&A センター、株式会社ストライク、M&A キャピタルパートナーズ株式会社、株式会社オンデック、名南 M&A 株式会社）の各代表者を理事として設立し、2022年1月より M&A 仲介業者および金融機関などを対象に、会員の募集を開始する予定です。M&A 仲介に携わる業者が一丸となり、企業の次世代への事業継承と新たな成長機会の創出をサポートすることで、日本国経済の発展と維持へ寄与することを目指してまいります。

※1 株式会社日本 M&A センターは、10 月 1 日より持株会社体制に移行し、親会社となる株式会社日本 M&A センターHD（2127）が上場企業となります。

図表3-28

事業内容
上記の目的に資するため、次の事業を行います。

- M&A仲介の公正・円滑な取引の促進
- 中小M&Aガイドラインを含む適正な取引ルールの徹底
- M&A支援人材の育成サポート
- M&A仲介に係る苦情相談窓口の運営

協会概要
名称:　　　　一般社団法人　M&A仲介協会
英文名称:　　M&A Intermediaries Association（MAIA）
設立日:　　　2021年10月1日
代表理事:　　三宅 卓（株式会社日本M&Aセンター　代表取締役社長）
理事:　　　　荒井 邦彦（株式会社ストライク　代表取締役社長）
　　　　　　　中村 悟（M&Aキャピタルパートナーズ株式会社　代表取締役社長）
　　　　　　　久保 良介（株式会社オンデック　代表取締役社長）
　　　　　　　篠田 康人（名南M&A株式会社　代表取締役社長）
監事:　　　　弁護士 菊地 裕太郎（菊地綜合法律事務所）
所在地:　　　東京都千代田区丸の内1-8-3　丸の内トラストタワー本館20階
URL:　　　　https://ma-chukai.or.jp/

（（株）ストライクIRニュースより）

最後に

　日本税理士会連合会のサイトには「税理士の主な顧問先は中小企業・小規模企業であり、経営者の7割は顧問税理士等を経営問題の相談相手と考えています。」と記載されています。

（日本税理士会連合会「事業承継支援」）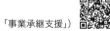

　顧問先の多くが事業承継の相談相手として税理士を選択しているということです。本書では事業承継の選択肢の一つとしてM&Aも検討する必要があることを説明させていただきました。顧問先から事業承継の相談を受けた際には、是非M&Aも選択肢の一つとしてアドバイスしてください。

　また、事業承継以外でも、様々な理由でM&Aを選択する中小企業が増えていることも説明させていただきました。顧問先から相談を受けなくても、顧問先の成長のための手段としてM&Aをアドバイスしていただければと思います。

　今後、M&Aがさらに増加していくことを考えると、M&Aと無関係でいることが難しくなるでしょう。本書を読んでいただくことで、少しでもM&Aの必要性を感じていただけると幸いです。

◆ 著者略歴 ◆

中村　大相（なかむら・だいすけ）
公認会計士・税理士

平成14年　横浜国立大学経営学部会計情報学科卒
　　　　　同年、株式会社日立システムアンドサービス（現 株式会社日立ソ
　　　　　リューションズ）にてシステムエンジニアとして金融系システム構
　　　　　築業務に従事。平成16年末に退職。
平成19年　公認会計士試験合格。
　　　　　同年、新日本監査法人（現 EY新日本有限責任監査法人）に入所。
　　　　　国内の上場会社の監査業務及び上場支援業務に従事。
平成25年　M&A仲介会社である株式会社ストライクにて、様々な業種のM&A
　　　　　を成立させる。
　　　　　現在は、全国の税理士事務所や税理士法人から顧問先のM&Aニーズ
　　　　　の相談を受ける部署に所属し税理士事務所等との関係性構築に従事
　　　　　すると共に、税理士事務所等のM&Aにも力を入れている。

新税制対応
税理士のための中小企業のM&Aサポートブック

令和3年12月21日　第1刷発行

　　著　者　中村　大相

　　発　行　株式会社**ぎょうせい**

　　　　　　〒136-8575　東京都江東区新木場1-18-11
　　　　　　URL：https://gyosei.jp

　　　　　　フリーコール　0120-953-431
　　　　　　ぎょうせい　お問い合わせ　検索　https://gyosei.jp/inquiry/
〈検印省略〉

印刷　ぎょうせいデジタル株式会社　　　　　©2021　Printed in Japan
※乱丁・落丁本はお取り替えいたします。
ISBN978-4-324-11061-4
(5108756-00-000)
〔略号：税理士M&Aサポート〕